Anzeige

München Terminal 2: moderne Architektur und höchster Passagierkomfort.

Weltoffenes München

München ist nicht nur beliebtes Reiseziel, sondern immer mehr auch Drehscheibe für den weltweiten Luftverkehr. Vor allem Langstreckenflüge starten zunehmend ab „MUC". Folgerichtig gestaltet Lufthansa das Reisen für ihre Gäste ab München noch komfortabler. Mit seiner Architektur, seinen Einkaufsmöglichkeiten und der Bahnanbindung an die bayerische Landeshauptstadt ist der Flughafen München aber auch für ankommende Fluggäste attraktiv. Der Flughafen gilt ohnehin als einer der fortschrittlichsten in Europa. Das von Lufthansa genutzte Terminal 2 ist Vorreiter modernster und zugleich umweltfreundlicher Flughafenentwicklung. So nahm 2003 auf dem Dach des Terminals die weltweit größte Solaranlage eines Verkehrsflughafens ihren Betrieb auf.

Lufthansa fliegt Sie hin, täglich mehrmals und zu attraktiven Preisen. Alle wichtigen Informationen zu unseren München-Flügen, aber auch zu weltweit über 180 Destinationen finden Sie im Internet unter www.lufthansa.com. There is no better way to fly.

Lufthansa

A STAR ALLIANCE MEMBER

MÜNCHEN

City Highlights

teNeues

WELT EDITION

Impressum

Herausgegeben von DIE WELT und WELT am SONNTAG
www.welt.de

Einleitung: Annemarie Ballschmiter
Objekt- und Kategorientexte: Patricia Engelhorn
Serviceteil: Marianne Bongartz, MaBo-Media, Köln
Redaktion: Sönke Krüger und Frank Rumpf (WELT am SONNTAG), Sabine Scholz und Nina Tebartz (teNeues Verlag)
Koordination: Hanna Martin und Anne-Kathrin Meier (Gesamtedition), Lea Bauer (München)
Layout: Jasmina Bremer
Bildbearbeitung und Reinzeichnung: Jan Hausberg, Martin Herterich

Fotografien: Roland Bauer, außer: Allianz Arena/B. Ducke (S. 14, 28–29, 155 r. o., Backcover r. o.); Markus Bachmann (S. 89, 110–111, 114–115); courtesy anna hotel (S. 124 l. u. und r. u., 125); courtesy ArabellaSheraton (S. 136 r. u.); courtesy Bavaria Filmstadt (S. 150–151, 156 l. o.); © Bayerische Schlösserverwaltung, www.schloesser.bayern.de (S. 24 u., 30 l. u., 31, Backcover r. u.); courtesy Bayerische Theaterakademie/Prinzregententheater/ Thomas Klinger (S. 52–53); courtesy Brenner Grill (S. 66–68); courtesy Design-factory Munich: Michael Steiner (S. 130–131); courtesy Deutsches Museum (S. 34–35); courtesy Ludwig Beck (S. 11 l. o.); courtesy Stierblut (S. 96 o.); courtesy Tantris (S. 5 o., 86 o., 87); Sibylle Forster © Pinakothek der Moderne (S. 38 l. u., 39); Sibylle Forster © Neue Pinakothek (S. 40 u.); FOTO SULZER, Salzburg (S. 138–139); Heinz Gebhardt, Fremdenverkehrsamt München (S. 26 o.); Simone Hörmann (S. 74); Hotel Bayerischer Hof (S. 5 r. u., 142–143; Backcover l. u.); Lothar Kaster, Fremdenverkehrsamt München (S. 12 r. u.); Jörg Koopmann/Peter Neusser (S. 104–105); Haydar Koyupinar © Pinakothek der Moderne (S. 38 o.); Haydar Koyupinar © Alte Pinakothek (S. 40 o., 41 u.); Haydar Koyupinar © Neue Pinakothek (S. 41 o., 42–43, 153 r. o.); Torsten Krüger, Fremdenverkehrsamt München (S. 123 u.); Martin Nicholas Kunz (S. 5 r. o., 22 o., 126 o.); Wilfried Petzi (S. 4 u., 44–45, 153 r., 156 r. o.); Andreas Pohlman (S. 36 o. und r. u.); Fabrice Rambert (S. 78–79); Christl Reiter, Fremdenverkehrsamt München (S. 6, 9, 11 r. o., 18 o.); Bernd Römmelt, Fremdenverkehrsamt München (S. 12 o.); Pierre Rouchaléon, Fremdenverkehrsamt München (S. 141 r. u.); C. L. Schmitt, Fremdenverkehrsamt München (S. 20 l. u.); Rudolf Sterflinger, Fremdenverkehrsamt München (Backcover l. o.); Jens Weber © Pinakothek der Moderne (S. 38 r. u.); Friedrich Zenz, Fremdenverkehrsamt München (S. 19);
Coverbild: Bjarne Geiges, Fremdenverkehrsamt München

Inhalt und Produktion: fusion publishing GmbH, Stuttgart . Los Angeles
www.fusion-publishing.com

teNeues Publishing Group

teNeues Verlag GmbH + Co. KG
Am Selder 37, 47906 Kempen, Germany
Tel.: 0049 / (0)2152 / 916 0
Fax: 0049 / (0)2152 / 916 111
Presseabteilung: arehn@teneues.de

www.teneues.com

© 2007 teNeues Verlag GmbH & Co. KG, Kempen, Lizenznehmer und Herausgeber DIE WELT / WELT am SONNTAG

Alle Rechte vorbehalten.

Das Werk einschließlich aller seiner Teile ist urheberrechtlich geschützt.
Kein Teil dieses Werkes darf ohne schriftliche Einwilligung des Verlages in irgendeiner Form (Fotokopie, Mikrofilm oder einem anderen Verfahren) reproduziert, übersetzt oder unter Verwendung elektronischer Systeme verarbeitet, vervielfältigt oder verbreitet werden.

Alle Angaben ohne Gewähr. Die Daten und Fakten für dieses Werk wurden mit äußerster Sorgfalt recherchiert und geprüft. Wir weisen jedoch darauf hin, dass die Angaben häufig Veränderungen unterworfen sind und inhaltliche Fehler oder Auslassungen nicht vollständig auszuschließen sind. Für die Richtigkeit und Vollständigkeit der redaktionellen Angaben, insbesondere des Serviceteils, übernehmen Redaktion und Verlag keine Gewährleistung.

Redaktionsschluss der vorliegenden Ausgabe: 01.02.2007

Mit diesem Symbol weisen wir Sie auf ein paar ganz besondere Tipps der Redaktion von DIE WELT und WELT am SONNTAG hin.

Bibliografische Information Der Deutschen Bibliothek
Die Deutsche Bibliothek verzeichnet diese Publikation in der Deutschen Nationalbibliografie; detaillierte bibliografische Daten sind im Internet unter http://dnb.ddb.de abrufbar.

ISBN 978-3-8327-9180-3

Printed in Italy

Rechte Seite:
Altes Rathaus

Hofbräuhaus
PUSSER'S
GALERIE
LEU
ZONE
ALASKA

„München hat das Gegenteil von Größenwahn. Einen Kleinstadtwahn.“

Fritz Kortner

Sehenswürdigkeiten

Kultur: Museen, Galerien, Theater, Kinos

Gastronomie: Restaurants, Cafés, Bars, Clubs

Einkaufen

Hotels

Was noch?

Serviceteil

LEDERWAREN
KOFFER
OSRAM HELL WIE DER LICHTE TAG OSRAM
McDonald's
TAXI
P

Linke Seite: Karlsplatz/Stachus mit Blick auf Frauenkirche
Rechte Seite: links Leopoldstraße, rechts Hofgartenarkaden

München, die schwierige Schöne

Keine Frage, München ist schön. Seine Attraktivität erschließt sich auf den ersten Blick. Dazu muss man nur die Ludwigstraße vom Siegestor Richtung Feldherrenhalle entlanglaufen und anschließend einen Abstecher in den Englischen Garten machen, der übrigens größer, und ehrlich gesagt auch schöner ist als der Central Park von New York. Im Englischen Garten erklimmt man dann den kleinen Hügel des Monopteros, lässt den Blick über die Stadt schweifen und gönnt sich anschließend im Biergarten am Chinesischen Turm je nach Witterung und Jahreszeit eine Maß und hört der Blaskapelle im ersten Stock zu oder kauft eine Tüte Maroni und bewundert die Schlittschuhläufer auf dem zugefrorenen Kleinhesseloher See.

Münchens Dimensionen sind überschaubar (selbst für eine Millionenstadt), die Straßen schmuck, gepflegt und sauber, das kulturelle Angebot ist vielfältig, der Freizeitwert legendär. Und von manchen Büros, Dachgeschosswohnungen und einem Karstadt-Parkhaus in der Innenstadt kann man sogar bis zu den Alpen sehen.

Und sonst? München kann auch ziemlich spröde sein. Macht es Neuankömmlingen nicht leicht. Und damit ist nicht die angespannte Wohnungslage gemeint. Man muss hartnäckig sein, wenn man München nicht nur schön finden, sondern wirklich mögen will. Erst dann wird man belohnt.

Was den Grad der Freundlichkeit der Bewohner angeht, kann München ganz locker mit Berlin mithalten. Fast würde ich sagen, München führt. In München wird ein gepflegtes Grantlertum geradezu kultiviert. Wenn ein Fremder, also ein „Zuagroaster", in einer Bäckerei aus Versehen nach Brötchen oder gar Schrippen verlangt, kann es durchaus passieren, dass die Bäckersfrau erst mal den Service verweigert und belehrend antwortet: „Bei uns hoaßt des Semmeln." Ohne zu lächeln. Nun ja. Münchens 2006 zur Fußballweltmeisterschaft neu eingeführter Werbeslogan „München mag Dich" gleicht also eher einer verzweifelten Beschwörung als einer Tatsachenbeschreibung. Und auch sein Vorgänger „München – Weltstadt mit Herz" war eher als Aufforderung im Sinne von „Verzagen Sie nicht, geben Sie die Suche nicht auf, wir haben wirklich ein Herz!" zu verstehen.

Ich hatte Glück. Und einen Mitbewohner, der mir sein München nahebrachte. Er war zwar kein waschechter Münchner, aber immerhin hier aufgewachsen. Er, der Bayerntümelei wirklich gänzlich unverdächtig, schaffte es sogar, mir die charmanten Aspekte des Oktoberfestes zu vermitteln. Es bleibt unbestritten das größte Massenbesäufnis der Welt, aber wer ab Juli beim Radeln oder Spazierengehen über die Theresienwiese, die ja gar keine Wiese, sondern eine riesige Asphaltfläche ist, regelmäßig den Fortgang der Aufbauarbeiten verfolgt, der entwickelt ein fast zärtliches Verhältnis zu Ochsenbraterei, Hippodrom, Teufelsrad, Kettenkarussell und den verschiedenen Autoskootern.

Während der Wiesn-Zeit gehört eine spätabendliche Runde über das Festgelände zum wöchentlichen Ritual. Zu Füßen der angeleuchteten Bavaria sind dann die meisten Betrunkenen längst verschwunden, und an den Ständen und Fahrgeschäften werden langsam die vielen Lichter ausgeknipst. In der Luft liegt der Geruch von Zuckerwatte und gebrannten Mandeln, mit leichten

Linke Seite: Schloss Nymphenburg
Rechte Seite: Marienplatz mit Altem Rathaus

Akzenten von Brathendl und Steckerlfisch. Und diese ganz spezifische Duftmischung riecht man auch noch in einem Kilometer Entfernung.

Auch die Selbstverständlichkeit, mit der in der Oktoberfestzeit die Menschen in der Stadt Lederhosen und prächtige Dirndl tragen, hat so gar nichts von peinlicher Trachtenseeligkeit. Es handelt sich nicht um eine Verkleidung, vielmehr um den stolzen Ausdruck einer Haltung. Geschmackliche Verirrungen wie die sogenannte Landhausmode sind damit nicht gemeint. Dirndl & Co. sind übrigens nicht nur echten Bayern vorbehalten, auch Wahl- und Oktoberfest-Münchner dürfen sie tragen. Nur die innere Haltung muss stimmen. Im ersten Jahr wäre die Anschaffung vielleicht etwas verfrüht, wenn nicht sogar anbiedernd, aber ab dem zweiten Jahr werden Sie von ihren Freunden und Kollegen unter Umständen missbilligend angeschaut, wenn Sie in Ihren Alltagsklamotten zum gemeinsamen Wiesn-Besuch auftauchen.

Der Kauf eines Secondhand-Dirndls ist in München durchaus legitim. Von lustigen Kopfbedeckungen wie überdimensionalen Seppelhüten aus Filz oder Bierkrügen aus Plüsch sollte man aber Abstand nehmen – selbst wenn sie während der Wiesn-Wochen zum Stadtbild gehören. Es sei denn, Sie wollen sich als italienischer Biertourist tarnen.

Eine andere typisch Münchner Institution ist der Viktualienmarkt. Münchner schimpfen gern über „Preise wie in der Apotheke", was den Tatsachen entspricht, sie aber trotzdem nicht am samstäglichen Marktgang hindert. Mein Mitbewohner und Expeditionsleiter führte mich erst zu einem der Saftstände – frisch gepresster Orangen-Karotten-Saft mit einem Schuss Öl gehört seither auch zu meinem Programm für München-Besucher – und anschließend zu der Eisdiele in der Reichenbachstraße. Mit Eis bin ich schnell zu besänftigen. Und in München gibt es die besten italienischen Eisdielen außerhalb Italiens. Wenn man schnell genug geht, das Eis groß genug ist und man unterwegs nicht zu intensiv die Auslagen der zahlreichen Läden studiert, schafft man es bis zum kreisrunden, sehr hübschen Gärtnerplatz. Auf den Stufen des gleichnamigen Operettentheaters aus dem 19. Jahrhundert kann man sich vortrefflich mit seinem Eis niederlassen.

An lauen Sommerabenden – und in ebensolchen Nächten – entwickelt sich die breite Treppe am Gärtnerplatz zum Freiluft-Wohnzimmer in dem beliebten Ausgeh- und Shoppingviertel. Nur einmal am Abend kommt kurz Bewegung in die plaudernde, entspannt herumsitzende Menge: wenn sich nach Ende der abendlichen Aufführung die Theaterbesucher ihren Weg durch die Menschen bahnen.

München ist lässiger geworden in den vergangenen Jahren. Auch wenn es immer noch gerne protzt, leidet es gleichzeitig latent unter einem Minderwertigkeitskomplex: Es kämpft mit der Tatsache, dass es nie so cool wie Berlin sein wird. Dazu ist es hier einfach zu aufgeräumt, zu wenig unfertig, zu satt, zu reich. Ende der 90er-Jahre gingen viele Münchner nach Berlin. Sie quälten sich ein Jahr mit Heimweh und kehrten reumütig und erleichtert zurück.

In den vergangenen Jahren ist aber auch ein bisschen Berlin nach München gesickert. Und das hat der Stadt gutgetan. Man kann immer noch im „Café Roma" an Münchens Edelmeile Maximilianstraße in Nachbarschaft von Gucci & Co. am Prosecco nippen, aber eben

Linke Seite: Asamkirche
Rechte Seite: links Marienplatz, rechts Monopterus im Englischen Garten

auch im Café im ehemaligen Trachtengeschäft Vogl Hamburger Astra Pils aus der Flasche trinken. Im „P1“ mit den Schönen und Reichen balzen oder im „Café am Hochhaus“ tanzen. Im „Tantris“ speisen oder im Vorreiter der Entwicklung einer anständigen Imbisskultur, dem „Bergwolf“, nachts um eins eine anständige Currywurst mit Pommes essen. In München ist inzwischen wieder fast alles möglich.

Sogar ganz offiziell in der Isar zu baden. Die ist nämlich südlich der Wittelsbacher Brücke renaturiert und badefreundlich gestaltet worden. Und es ist tatsächlich wahr: Sauber ist sie auch. Im Sommer gibt es endgültig kein Halten mehr. Weder für die „Nackerten“ am Flaucher noch für die Bekleideten weiter oben. 13,7 km zieht sich die Isar in Süd-Nord-Richtung durch das Stadtgebiet, in vielerlei Hinsicht eine wichtige Lebensader. Jeden Sonntagnachmittag ist an ihrem Ufer auf dem Abschnitt zwischen Deutschem Museum und Flaucher so viel Verkehr wie auf einer deutschen Autobahn zu Beginn der großen Ferien. Da führen Hundebesitzer ihre Vierbeiner aus, Eltern ihre Kinder und Singles ihre neue Sonnenbrille. Der asphaltierte Radweg dient als Rennstrecke für Radler, Inlineskater und Mountainbiker mit Schlamm verspritztem Hinterteil – Vorsicht beim Überqueren, denn gebremst wird nicht.

Körperliche Ertüchtigung an der frischen Luft ist ein essenzieller Bestandteil Münchner Lebens. Auf die montägliche Frage „Was hast Du am Wochenende gemacht“, folgt oft die Antwort „Ich war in den Bergen“. Was im Winter Skifahren oder Snowboarden bedeutet, kann im Frühjahr, Sommer und Herbst mit Wandern gleichgesetzt werden.

Nicht nur für Touristen, auch für stolze Münchner und Ex-Münchner, die sich freiwillig und vielleicht ein bisschen vorschnell ins außermünchnerische Exil begeben haben, gibt es den Souvenirladen „Servus Heimat“ in der Ledererstraße, gleich um die Ecke vom Hofbräuhaus. Hier decken sich junge Menschen zwischen zwanzig und vierzig mit Stadtplan-Frühstücksbrettchen, der Kultserie „Münchner G'schichten“ auf DVD oder schicken T-Shirts ein, die mit einer Gams, der Münchner Tram oder der Stadtsilhouette bedruckt sind. Auch ich besitze inzwischen so ein T-Shirt. Denn aus der anfänglichen Zwangsehe wurde eine echte Liebe. Seit einiger Zeit allerdings in Form einer Fernbeziehung.

Annemarie Ballschmiter

Die Autorin ist Redakteurin im Stil-Ressort der „WELT am SONNTAG“. Nach mehr als sieben Jahren in München hat sie schweren Herzens die Isar gegen die Spree eingetauscht. Am meisten vermisst sie in Berlin ordentliche Butterbrezn, die vielen guten italienischen Eisdielen und natürlich die Berge, die sie erst kurz vor ihrem Wegzug wirklich entdeckt hat.

Linke Seite: oben Blick auf die Frauenkirche vom Münchner Oktoberfest, links unten Deutsches Museum, rechts unten Viktualienmarkt
Rechte Seite: Marienplatz

Sehenswürdigkeiten

Zählen die Bayern selbst dazu? Die traditionsbewussten Einheimischen mit ihren Rauhaardackeln, Dirndl-Kleidern, Lederhosen und federgeschmückten Lodenhüten? Und was ist mit den Biergärten, ein Exportschlager, der es in originalgetreuen Nachbildungen bis in die USA, nach Australien und China geschafft hat? Loden-Frey ist eine Sehenswürdigkeit, und der Bayerische Hof schräg gegenüber ist es auch, nicht zu vergessen der Englische Garten und die Isarauen mit ihren sommerlichen FKK-Stränden. Doch natürlich – Ludwig und den Seinen sei es gedankt – hat München auch „klassische" Attraktionen zu bieten: Paläste im Stil der Florentiner Renaissance, Plätze nach altgriechischem Modell, klassizistische Museen und jede Menge Kirchen. Das historische München ist eine Augenweide für Liebhaber der Architekturgeschichte, denn Barock und Rokoko, Moderne und Avantgarde sind hier gleichermaßen präsent. Wer möchte, kann tagelang durch Modegeschäfte oder Kunstgalerien bummeln, Opernaufführungen oder Bauernmärkte besuchen, in Cafés und Bierhallen das bunte Treiben der lokalen Schickeria beobachten. Es lohnt sich, ein paar Tage länger zu bleiben. Zu sehen gibt es mehr als genug.

Linke Seite: Allianz Arena
Rechte Seite: links Olympiapark, rechts Lenbachhaus

DEM BAYERISCHEN HEERE

Linke Seite: links oben Hofgarten, rechts oben Marienplatz, unten Siegestor
Rechte Seite: oben BMW Verwaltungsbau, unten Hofgartentempel

Marienplatz mit Neuem und Altem Rathaus

Neues Rathaus, Marienplatz 8
Altes Rathaus, Marienplatz 15
80331 München
Zentrum
Telefon: 089 / 2 33 00
www.muenchen.de

Öffnungszeiten: Spielzeugmuseum täglich 10.00 bis 17.30 Uhr; Turm Nov–April Mo–Do 9.00 bis 16.00, Fr bis 13.00 Uhr, Sa, So und feiertags geschlossen, Mai–Okt Mo–Fr 9.00 bis 19.00, Sa, So und feiertags 10.00 bis 19.00 Uhr
Haltestelle: S, U Marienplatz
Stadtplan: Nr. 36

WELT-Tipp: Das Glockenspiel findet täglich um 11.00 und 12.00 Uhr statt, von März bis Oktober zusätzlich um 17.00 Uhr.

Der Marienplatz ist seit der Stadtgründung 1158 durch Heinrich den Löwen das Zentrum Münchens, während die 1638 geweihte Mariensäule in dessen Mitte zugleich den zentralen Punkt der bayerischen Landvermessung darstellt. Sie ist Münchens ältestes Friedensdenkmal und Ausdruck der Dankbarkeit über die Erhaltung der Stadt während des 30-jährigen Krieges. Jahrhundertelang fand hier ein Markt statt, wovon noch heute der Fischbrunnen zeugt. Er ist nach dem an dieser Stelle abgehaltenen Fischmarkt benannt. Das markante Alte Rathaus am östlichen Ende des Platzes wurde in den Jahren 1470 bis 1480 von Jörg von Halsbach erbaut und war bis 1874 in Funktion. Das imposante, im neugotischen Stil errichtete Neue Rathaus mit reicher ornamentaler Bauplastik entstand ab 1867 in drei Bauabschnitten bis 1908/09. Berühmt ist vor allem dessen Glockenspiel: Über 40 Glocken spielen Melodien, während Figuren bekannte Szenen aus der Münchner Stadtgeschichte nachspielen.

Frauenkirche

Frauenplatz 1
80331 München
Zentrum
Telefon: 089 / 2 90 08 20
www.muenchen.de

Öffnungszeiten: täglich 7.00 bis 19.00, Do bis 20.30, Fr bis 18.00 Uhr
Während der Gottesdienste sind keine Besichtigungen möglich.
Haltestelle: S, U Marienplatz
Stadtplan: Nr. 22

Die „Domkirche zu Unserer Lieben Frau", kurz Frauenkirche genannt, ist die größte Hallenkirche Bayerns. Ihre zwei markanten, mit Welschen Hauben abschließenden Türme wurden zum Wahrzeichen der Stadt München und ragen 99 m in den Himmel. Der 1468 begonnene und 1494 geweihte Backsteinbau ist ungewöhnlich schmucklos für eine spätgotische Kirche, offenbar stand die Fernwirkung des Doms mit seinen imposanten Ausmaßen im Vordergrund. Während des Zweiten Weltkriegs wurde die Kirche zu einem Großteil zerstört und später in mehreren Renovierungsphasen wieder aufgebaut. Im Zuge der letzten Domrestaurierung zum 500. Weihejubiläum wurden auch rund 400 Kunstwerke aus Archiven und Museen an ihren ursprünglichen Ort zurückgeholt. Im Münchner Dom empfing Joseph Ratzinger 1977 die Bischofsweihe, hier hielt er später als Papst Benedikt XVI. anlässlich seines München-Besuchs im September 2006 einen Vespergottesdienst ab.

Feldherrnhalle

Residenzstraße 1
80333 München
Zentrum
Telefon: 089 / 29 06 71
www.residenz-muenchen.de

Haltestelle: S Marienplatz, U Marienplatz und Odeonsplatz, Bus Odeonsplatz, Tram Nationaltheater
Stadtplan: Nr. 21

Die Feldherrnhalle am Odeonsplatz, 1841 bis 1844 erbaut, bildet den südlichen Abschluss der prächtigen Ludwigstraße. Die Bogenhalle wurde von Friedrich von Gärtner, dem Hofarchitekten König Ludwigs I., als Ehrenhalle für das Bayerische Heer entworfen und ist der „Loggia dei Lanzi" in Florenz nachempfunden. Von ihrer ursprünglichen Bestimmung zeugt auch das Denkmal für die Bayerische Armee in dem zentralen Gewölbe, das von Ferdinand von Miller geschaffen wurde. Später wurde die Feldherrnhalle zu einem Kultort der Nationalsozialisten, denn am 9. November 1923 fand der sogenannte Hitlerputsch hier sein blutiges Ende. Ein 1933 auf Hitlers Geheiß errichtetes Mahnmal erinnerte an die dabei umgekommenen Nationalsozialisten. 1945 wurde es entfernt und durch eine kleine Bronzetafel zum Gedenken an die beim Putschversuch verstorbenen Polizisten ersetzt.

Residenz

Residenzstraße 1
80333 München
Zentrum
Telefon: 089 / 29 06 71
www.residenz-muenchen.de

Öffnungszeiten: April–15. Okt 9.00 bis 18.00 Uhr, 16. Okt–März 10.00 bis 16.00 Uhr; täglich geöffnet außer 1.1., Faschingsdienstag, 24., 25. und 31.12.
Eintrittspreise: 6 €, ermäßigt 5 €; Gesamtkarte Residenzmuseum und Schatzkammer 9 €, ermäßigt 8 €
Haltestelle: S Marienplatz, U Marienplatz und Odeonsplatz, Bus Odeonsplatz, Tram Nationaltheater
Stadtplan: Nr. 44

Die herrschaftliche Residenz befindet sich in der Innenstadt zwischen Oper und Hofgarten, sie war bis 1918 Wohn- und Regierungssitz der bayerischen Herzöge, Kurfürsten und Könige. Der umfangreiche Schlosskomplex mit sieben Höfen ist über die Jahrhunderte gewachsen und vereint unterschiedliche Stilepochen. Die Westfront zur Residenzstraße ist jedoch die eigentliche Schaufassade. Sie weist eine kunstvolle Bemalung auf, die den Eindruck einer aufwendigen Baugliederung vermittelt. Eine solche Scheinarchitektur findet sich auch in einigen der Innenhöfe wieder. Heute wird die Anlage als Museum genutzt und ist eines der bedeutendsten Schlossmuseen Europas. Sehenswert sind auch die Juwelensammlung der „Schatzkammer" sowie das zauberhafte Cuvilliés-Theater, welches allerdings bis 2008 wegen Renovierungsarbeiten geschlossen ist.

Der
Kaiserhof ist für
Sie geöffnet!
Montag bis Freitag
Mittagsgerichte
€ 4.90

Olympiapark

Spiridon-Louis-Ring 21
80809 München
Milbertshofen
Telefon: 089 / 3 06 70
www.olympiapark-muenchen.de

Öffnungszeiten: öffentlicher Park, rund um die Uhr geöffnet, Olympiaturm täglich 9.00 bis 24.00 Uhr, Stadion täglich 9.00 bis 18.00 Uhr
Eintrittspreise: kostenlos, außer bei Besichtigungen und Veranstaltungen
Haltestelle: U, Bus Olympiazentrum, Tram Olympiapark
Stadtplan: Nr. 40

Nachdem 1966 das Internationale Olympische Komitee die XX. Olympischen Sommerspiele an München vergab, musste ein neues Sportzentrum gebaut werden. Ein Areal im Norden von Schwabing lag seit dem Zweiten Weltkrieg brach, und das Architektenbüro Günther Behnisch und Partner erhielt den Auftrag, ein Gesamtkonzept für ein 3 km^2 großes Sport- und Erholungsgebiet zu entwickeln. Zwischen 1968 und 1972 entstand so eine multifunktionale Sportlandschaft mit der als Mehrzweckhalle konzipierten Olympiahalle, dem Olympiastadion sowie der Olympiaschwimmhalle. Dies alles wird von einer kühnen Zeltdachkonstruktion aus Acrylglas überspannt. Neben dem spektakulären Zeltdach ist auch der 290 m hohe Olympiaturm längst zu einem modernen Wahrzeichen der Stadt geworden. Heute wird das Gelände für unterschiedliche Veranstaltungen wie Konzerte, Sportevents oder große Kulturveranstaltungen genutzt.

Allianz Arena

Werner-Heisenberg-Allee 25
80939 München
Fröttmaning
Telefon: 089 / 2 00 50
www.allianz-arena.de

Öffnungszeiten: 10.00 bis 18.00 Uhr
Besondere Hinweise: Ganztägige Besucherführungen, Restaurant im Stadion und Shopping in der Allianz Arena mit Megastores der beiden Vereine ganzjährig geöffnet.
Haltestelle: U Fröttmaning
Stadtplan: Nr. 2

Das postmoderne architektonische Prunkstück der Schweizer Stararchitekten Jacques Herzog und Pierre de Meuron wurde am 30. Mai 2005 feierlich eröffnet. Der beeindruckende Bau für ca. 340 Millionen Euro wurde als reine Fußballarena konzipiert und ist das Heimstadion der beiden Münchner Fußballvereine FC Bayern München und TSV 1860 München. 2 760 luftgefüllte Kunststoffkissen umschließen die Arena und bilden die größte Membranhülle der Welt, welche vor allem nachts ihre Wirkung entfaltet: Dann leuchtet sie abwechselnd weiß, blau oder rot. Aufgrund seiner Ausstattung mit allen technischen Raffinessen darf sich das Bauwerk als Europas modernstes Stadion rühmen, und es war Austragungsort des Eröffnungsspiels der Fußballweltmeisterschaft im Jahre 2006.

Allianz Arena

Schloss Nymphenburg

Eingang 19
80638 München
Nymphenburg
Telefon: 089 / 17 90 80
www.schloesser.bayern.de

Öffnungszeiten: April–15. Okt 9.00 bis 18.00 Uhr, 16. Okt–März 10.00 bis 16.00 Uhr; täglich geöffnet außer 1.1., Faschingsdienstag, 24., 25. und 31.12.
Eintrittspreise: 5 €, ermäßigt 4 €
Behindertenhinweis: nur über eine Treppe erreichbar
Haltestelle: Bus, Tram Romanplatz und Schloss Nymphenburg
Stadtplan: Nr. 49

Schloss Nymphenburg im Westen Münchens war einst die Sommerresidenz der Bayerischen Kurfürsten und ist von einer weitläufigen Parkanlage im Stil eines englischen Landschaftsgartens umgeben. Verschiedene Architekten haben im Laufe der Zeit an der Anlage mitgewirkt, die 1664 mit dem 5-geschossigen Mitteltrakt von Agostino Barelli begonnen wurde. Nymphenburg war ein Geschenk von Kurfürst Ferdinand Maria an seine Frau Henriette Adelaide zur Geburt des Thronfolgers Max Emanuel, der später selbst darin residierte. Er ließ die Landvilla seiner Mutter durch symmetrische Anbauten zu einer weitläufigen und anmutigen Schlossanlage ausbauen. Der Nordflügel des Schlosses beherbergt das Marstallmuseum und die Nymphenburger Porzellansammlung der hier ansässigen Manufaktur. Im südlichen Trakt finden Sie das Museum „Mensch und Natur".

Kultur
Museen Galerien Theater Kinos

Gern rühmt sich München, die Kulturkapitale Deutschlands zu sein. Tatsächlich gibt es in München eine prachtvolle Oper, die auch mit einem hochkarätigen Programm aufwarten kann. Dazu das plüschige Staatstheater am Gärtnerplatz, das Schauspielhaus, das Resi, das Gasteig und, und, und. Besonders beliebt sind die sommerlichen Open-Air-Aufführungen. „Oper für alle" nennt sich eine Veranstaltung der Staatsoper: Großleinwände am Opernplatz übertragen an bestimmten Abenden das Geschehen von der Bühne auf die Straße, netterweise sogar während der Opernfestspiele, wenn Karten lange im Voraus bestellt werden müssen und unerschwinglich teuer sind. Nicht ganz umsonst sind die Opern-Vorführungen auf dem Königsplatz, dafür aber „live" und inmitten einer grandiosen Kulisse zu genießen. Nicht minder attraktiv ist die Kunstszene, die mit drei Pinakotheken, berühmten Museen und unzähligen Galerien Kunstkenner aus dem In- und Ausland begeistert. Großer Beliebtheit erfreuen sich die mehrmals jährlich stattfindenden „Open Art"-Veranstaltungen, bei denen alle Galerien am gleichen Abend zur Vernissage laden und auch am Wochenende geöffnet bleiben. Der von Galerie zu Galerie pilgernde Menschenzug ist meist schon am extravaganten Outfit zu erkennen, und in den Galerien selbst herrscht ausgelassene Party-Stimmung.

Linke Seite: Glyptothek
Rechte Seite: links Münchner Kammerspiele, rechts Muffatwerk

Deutsches Museum

Museumsinsel 1
80538 München
Isarvorstadt
Telefon: 089 / 2 17 91
www.deutsches-museum.de

Öffnungszeiten: täglich 9.00 bis 17.00 Uhr
Eintrittspreise: 8,50 €, Schüler und Studenten 3 €, Kinder unter 6 Jahren Eintritt frei
Haltestelle: S Isartor, U Fraunhoferstraße, Tram Deutsches Museum
Stadtplan: Nr. 17

WELT-Tipp: In der Abteilung Kinderreich wird Drei- bis Achtjährigen Technik anschaulich erklärt – mit Tretmühlen und Riesengitarren.

Kleine und große Kinder sind begeistert von diesem Tempel der Wissenschaften, ebenso Erwachsene. Alles, was Sie schon immer sehen oder wissen wollten, werden Sie hier finden – vom U-Boot über den Nachbau einer 350 000-fach vergrößerten menschlichen Zelle bis hin zum Atommodell und zur Raumsonde. Rund 1,4 Millionen Besucher kommen jährlich in das 1925 auf der Museumsinsel eröffnete Deutsche Museum, das sich mit ca. 20 000 ausgestellten Objekten aus rund 50 Bereichen der Naturwissenschaften und der Technik und gut 50 000 m^2 Fläche als das größte naturwissenschaftlich-technische Museum der Welt einen Namen gemacht hat. Kostenlose Führungen helfen dabei, Schwerpunkte zu setzen, was bei dem Umfang der Ausstellung unumgänglich ist. Zum Museum gehören auch das 2003 eröffnete Verkehrszentrum in den alten Messehallen auf der Theresienhöhe sowie die Flugwerft Schleißheim mit zahlreichen Flugzeugen.

Mobil 1
West
MESSERSCHMITT
IIA-50680

Münchner Kammerspiele

Maximilianstraße 26–28
80539 München
Zentrum
Telefon: 089 / 23 33 71 00
www.muenchner-kammerspiele.de

Öffnungszeiten: Kasse Mo–Fr 10.00 bis 18.00, Sa 10.00 bis 13.00 Uhr
Eintrittspreise: 6 € bis 39,40 €
Ticketservice: 089 / 23 39 66 00
Haltestelle: S Isartor und Marienplatz, U, Bus Marienplatz, Tram Kammerspiele
Stadtplan: Nr. 38

Das Haus der Münchner Kammerspiele ist eines der wenigen noch erhaltenen Jugendstiltheater Deutschlands. Das 1911 gegründete Privattheater nahm zunächst im Münchner Lustspielhaus seine Arbeit auf und zog erst später in den 1901 nach Plänen von Max Littmann und Richard Reifenschmied errichteten Bau an der Maximilianstraße, der bis heute Heimat der Münchner Kammerspiele geblieben ist. Die Zeit nach 1945 war geprägt von Intendanten wie Hans Schweikart, August Everding und Dieter Dorn. Ihre Arbeit und das hochkarätige Schauspielerensemble, dem Schauspielgrößen wie Heinz Rühmann und Ernst Ginsberg angehörten, machten die Kammerspiele zu einem der wichtigsten Theater in der Bundesrepublik. Der heutige Intendant Frank Baumbauer setzt seit 2001 diese Tradition fort.

Pinakothek der Moderne

Barer Straße 40
80333 München
Maxvorstadt
Telefon: 089 / 23 80 53 60
www.pinakothek.de

Öffnungszeiten: Di–So 10.00 bis 18.00, Do bis 20.00 Uhr, Mo geschlossen
Eintrittspreise: 9,50 €, ermäßigt 6 €, So 1 €
Haltestellen: U Theresienstraße, Odeonsplatz und Universität, Tram Pinakotheken, Bus Schellingstraße
Stadtplan: Nr. 41

WELT-Tipp: Verpassen Sie nicht die „Neue Sammlung", mit über 60 000 Objekten eine der größten Designsammlungen Europas.

Wer dachte, München habe sich dem Zeitgeist verschlossen, wird hier eines Besseren belehrt. In unmittelbarer Nähe zu den beiden anderen Pinakotheken ist Deutschlands größtes Museum für moderne Kunst entstanden. Das grandiose Gebäude von Architekt Stephan Braunfels zeichnet sich durch eine offene und moderne Architektur aus, die vier verschiedene Sammlungen vereint und so Gemälde, Skulpturen, Videoinstallationen, Fotografien, Handzeichnungen, Architekturmodelle sowie Designobjekte des 20. und 21. Jahrhunderts gelungen präsentiert. Geboten werden zudem spartenübergreifende Wechselausstellungen und ein vielseitiges Veranstaltungsprogramm, in dessen Mittelpunkt die zahlreichen Beziehungen zwischen den Kunstgattungen stehen. Mit der 2002 eröffneten Pinakothek der Moderne verfügt München nun über eine Institution, die mit dem Centre Pompidou in Paris oder der Tate Modern in London vergleichbar ist.

Alte und Neue Pinakothek

Barer Straße 27 + 29
80333 + 80799 München
Maxvorstadt
Telefon:
Alte Pinakothek 089 / 23 80 52 16
Neue Pinakothek 089 / 23 80 51 95
www.pinakothek.de

Öffnungszeiten: Alte Pinakothek Di 10.00 bis 20.00, Mi–So bis 18.00 Uhr, Mo geschlossen; Neue Pinakothek Mi 10.00 bis 20.00, Do–Mo bis 18.00 Uhr, Di geschlossen
Eintrittspreise: 5,50 €, ermäßigt 4 €
Haltestelle: U Theresienstraße, Odeonsplatz und Universität, Tram Pinakotheken, Bus Schellingstraße
Stadtplan: Nr. 3

In der Maxvorstadt befindet sich ein Konglomerat aus Museen und Ausstellungshallen, als deren berühmteste Vertreter die Neue und die Alte Pinakothek zu nennen sind. Der kunstbegeisterte König Ludwig I. legte 1826 den Grundstein für die Alte Pinakothek, die Leo von Klenze entwarf und 1836 eröffnet wurde. Die große Sammlung des Museums zeigt Meisterwerke der europäischen Malerei vom Mittelalter bis zum Ende des 18. Jahrhunderts und zählt zu den wichtigsten Gemäldegalerien der Welt. Unregelmäßig finden hier zudem Konzerte sowie Vorträge zur Kunst der repräsentierten Epochen statt. Die gegenüberliegende Neue Pinakothek ersetzt die im Zweiten Weltkrieg zerstörte Gemäldegalerie und ist Werken der europäischen Malerei und Skulptur vom ausgehenden 18. bis zum frühen 20. Jahrhundert gewidmet. Auch hier gibt es Wechselausstellungen, die das Spektrum erweitern.

NeuePinakothek

Haus der Kunst

Prinzregentenstraße 1
80538 München
Lehel
Telefon: 089 / 21 12 71 13
www.hausderkunst.de

Öffnungszeiten: Mo–So 10.00 bis 20.00, Do bis 22.00 Uhr
Eintrittspreise: 7 €, ermäßigt 5 €, bis 18 Jahre 2 €, bis 12 Jahre Eintritt frei, Kombikarte 10 €, ermäßigt 8 €
Programm: Kontrastreiche Ausstellungen zeitgenössischer Kunst
Haltestelle: U Odeonsplatz
Stadtplan: Nr. 25

Große Retrospektiven, intime Künstlerporträts und umfangreiche Architektur- und Design-Ausstellungen: Das 1937 vollendete Haus der Kunst ist ein wichtiger Bestandteil der Münchner Kulturszene, dessen Vergangenheit zum Teil belastet ist. Kurz nach seiner Machtergreifung gab Adolf Hitler dem Architekten Paul Ludwig Troost den Auftrag für den monumentalen Bau am Südrand des Englischen Gartens, er sollte ein „Haus der Deutschen Kunst" errichten. Nach dem Krieg stellte das Museum übergangsweise die Kunstwerke der Alten und der Neuen Pinakothek aus, ab 1980 war hier für etwa 20 Jahre Münchens Sammlung Moderner Kunst untergebracht.

Glyptothek

Königsplatz
80333 München
Maxvorstadt
Telefon: 089 / 28 61 00
www.antike-am-koenigsplatz.mwn.de

Öffnungszeiten: Di–So 10.00 bis 17.00, Do bis 20.00 Uhr, Mo geschlossen
Eintrittspreise: 3,50 €, ermäßigt 2,50 €, sonntags 1 €
Haltestelle: U Königsplatz
Stadtplan: Nr. 24

Kronprinz Ludwig, der spätere König Ludwig I., ließ im Nordwesten Münchens dem antiken Griechenland ein Denkmal setzen und den Königsplatz erbauen. Die Anlage wurde von 1816 bis 1830 vom Architekten Leo von Klenze in der Art eines antiken Forums erschaffen. An dessen Nordseite befindet sich die Glyptothek, welche der Herrscher eigens für seine Antikensammlung errichten ließ, die über Jahre aus Ägypten, Griechenland und Italien von Experten zusammengetragen wurde. Der klassizistische Bau war das erste deutsche Museum, das ausschließlich antiken Plastiken gewidmet war, es beherbergt heute eine der bedeutendsten antiken Skulpturensammlungen Europas. Unter den Exponaten befinden sich beispielsweise die „Medusa Rondanini" sowie der „Barberinische Faun". Ergänzt wird der Bestand der Glyptothek durch antike Vasen, Bronzen und Goldschmuck in den Antikensammlungen auf der gegenüberliegenden Seite des Königsplatzes.

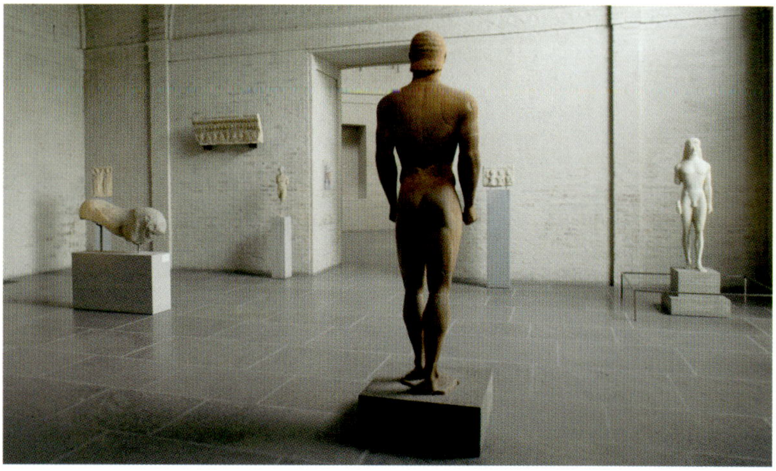

Muffatwerk

Zellstraße 4
81667 München
Haidhausen
Telefon: 089 / 45 87 50 10
www.muffatwerk.de

Öffnungszeiten: ab 19.00 Uhr bei Veranstaltungen und Clubnächten
Haltestelle: S Isartor und Rosenheimer Platz, Tram Deutsches Museum
Stadtplan: Nr. 37

Die Muffathalle, heute ein junges und höchst lebhaftes Kulturzentrum im Herzen von München, wurde 1894 im Jugendstil erbaut und nach Karl August Muffat, einem königlich-bayerischen Reichsarchivar und Historiker, benannt. Sie war das erste Dampfheizkraftwerk in München und ist direkt an der Isar gelegen. Der weithin sichtbare Schornstein, das Kennzeichen der Halle, steht mittlerweile unter Denkmalschutz, ebenso wie die Halle selbst. 1990 beschloss der Münchner Stadtrat, das Muffatwerk als Kulturhalle umzufunktionieren. In zweijähriger Bauzeit wurde das Gebäude aufwendig und liebevoll umgebaut, es zählt seitdem zu den schönsten Foren für avantgardistische Kultur in Deutschland. Zur Anlage gehören auch ein beliebtes Café und ein einladender Biergarten.

Prinzregententheater

Prinzregentenplatz 12
81675 München
Bogenhausen
Telefon: 089 / 21 85 02
www.theaterakademie.de
www.prinzregententheater.de

Öffnungszeiten: Kasse Mo–Fr 10.00 bis 13.00 und 14.00 bis 18.00, Sa 10.00 bis 13.00 Uhr
Ticketservice: 089 / 21 85 28 99
Haltestelle: U, Bus Prinzregentenplatz
Stadtplan: Nr. 43

Das Prinzregententheater wurde von 1900 bis 1901 nach Vorbild des Bayreuther Richard-Wagner-Festspielhauses von Max Littmann erbaut und mit „Die Meistersinger von Nürnberg" von Richard Wagner eröffnet. Nach dem Zweiten Weltkrieg beherbergte das Gebäude für knapp zwei Jahrzehnte die Bayerische Staatsoper. Große Namen wie Hans Knappertsbusch, Sir Georg Solti und Astrid Varnay sind mit dem Prinzregententheater untrennbar verbunden. Heute ist der stilvolle Bau Sitz der Bayerischen Theaterakademie August Everding und dient der Bayerischen Staatsoper und dem Staatstheater am Gärtnerplatz als Spielstätte. Darüber hinaus wird er an externe Veranstalter vermietet, weswegen das Haus ein abwechslungsreiches, spartenübergreifendes Programm zu bieten hat.

DER DEUTSCHEN KUNST

Gastronomie
Restaurants Cafés Bars Clubs

Eines steht fest: Verhungern muss in München niemand. Ein Spaziergang über den Viktualienmarkt reicht aus, um das zu bestätigen: Von der Suppenküche über den Leberkäs-Stand bis zur Sushi-Theke ist hier alles, was kulinarisch Freude macht, vertreten. Echte Bayern treffen sich vormittags zum Weißwurst-Essen mit Brezn' und Bier – stilvoll, in einer der zahlreichen Bierhallen, oder „open air" an einem Verkaufsstand. Doch natürlich hat München mehr zu bieten als Würste und Gerstensaft. Zu den Spezialitäten der bayerischen Küche gehören auch Semmelknödel und Schweinsbraten, Ente mit Blaukraut, Mehlspeisen und Bayerische Creme. Darüber hinaus sind an der Isar die Küchen der Welt zu finden: Ob thailändisch, chinesisch, vietnamesisch oder indisch, italienisch oder spanisch, griechisch, portugiesisch, französisch, russisch oder österreichisch, es gibt für jeden Geschmack das Passende. Star- und Sterneköche stehen in Hightech-Küchen am Herd und bedienen den anspruchsvollen Gourmet, in unzähligen netten Bistros und Cafés wird für jedermann gekocht – meist gut und nicht sehr teuer.

Linke Seite: Restaurant Schwarz & Weiz
Rechte Seite: links Cocoon, rechts Königlicher Hirschgarten

falk's Bar

Promenadeplatz 2–6
80333 München
Zentrum
Telefon: 089 / 2 12 00
www.bayerischerhof.de

Öffnungszeiten: täglich 11.00 bis 2.00 Uhr
Preise: Barfood 8,30 € bis 18,80 €, Cocktails 5,50 € bis 11,80 €
Küche: International
Haltestelle: S, U Marienplatz
Stadtplan: Nr. 20

Innegrit Volkhardt, Inhaberin des traditionsreichen Luxushotels „Bayerischer Hof", war schon oft für eine Überraschung gut. Ihre Idee, in den historischen Wänden des 1841 eröffneten Speisesaals eine postmoderne Bar einzurichten, wurde von Münchens Society mit Begeisterung angenommen. Der Spiegelsaal mit seiner imposanten Stuckdecke überstand als einziger Raum des Hotelgebäudes die Bombenangriffe des Zweiten Weltkriegs, und während das restliche Haus in Trümmern lag, konnte hier bereits im Oktober 1945 Münchens erstes Speiselokal im Zentrum wiedereröffnen. 2002 wurde daraus falk's Bar. Den Gast erwarten neben einzigartigem Ambiente Clubmusik, köstliche Drinks und ausgewählte Kleinigkeiten zum Essen.

Augustiner Großgaststätten

Neuhauser Straße 27
80331 München
Zentrum
Telefon: 089 / 23 18 32 57
www.augustiner-restaurant.com

Öffnungszeiten: 10.00 bis 24.00 Uhr
Preise: Snacks, Hauptgerichte 4,80 € bis 16,80 €
Küche: Bayerisch
Haltestelle: S, U Karlsplatz (Stachus) und Marienplatz
Stadtplan: Nr. 7

Was wäre München ohne seine Bierhallen? Das „Augustiner" in der Fußgängerzone gehört hier zu den Klassikern: groß, gemütlich, immer rappelvoll. Bis 1885 wurde im „Stammhaus der Augustiner" noch Bier gebraut und offenbar auch gerne konsumiert, denn anno 1791 rügte der Landesherr, Kurfürst Karl Theodor, öffentlich die Trinkfreude der Mönche. Der bekannte Architekt Emanuel von Seidl gestaltete das Anwesen schließlich neu. Heute zählen der Muschelsaal und der Arkadengarten zu den wenigen Baudenkmälern des Münchner Jugendstils, die unverändert erhalten geblieben sind.

Bar Comercial

Theatinerstraße 16
80333 München
Zentrum
Telefon: 089 / 20 70 02 66
www.barcomercial.de

Öffnungszeiten: Mo–Sa 9.00 bis 1.00, So und feiertags 12.00 bis 24.00 Uhr, Sa DJ ab 21.00 Uhr
Preise: Pizza ab 6 €, Cocktails ab 6,50 €
Küche: Durchgehend warme Küche, Steinofenpizza, Pasta, Snacks
Haltestelle: S, U Marienplatz, U Odeonsplatz
Stadtplan: Nr. 8

Weil München bekanntlich die nördlichste Stadt Italiens ist, durften im neuen Shoppingparadies FÜNF HÖFE Köstlichkeiten aus dem Land des „dolce far niente" nicht fehlen. In der Bar Comercial im Viscardihof zum Beispiel gibt es italienische Küche zu vernünftigen Preisen, dazu 22 offene Weine, gut gemixte Drinks und natürlich Kaffee in allen Varianten. Optisch präsentiert sich das Lokal als Mischung aus Rohbau und exklusivem Design. Schön sind auch die zwei großen Terrassen im überdachten Innenhof, von denen aus Sie das bunte Treiben im weitläufigen Areal der FÜNF HÖFE entspannt betrachten können.

Restaurant Bar Blauer Bock

Sebastiansplatz 9
80331 München
Zentrum
Telefon: 089 / 45 22 23 33
www.restaurant-blauerbock.de

Öffnungszeiten: Mo–Sa 12.00 bis 14.30 und 18.30 bis 22.30 Uhr, So und feiertags geschlossen
Preise: Vorspeisen 11 € bis 17 €, Hauptgerichte 21 € bis 29 €, Menüs 19 € (mittags) bis 59 € (abends)
Küche: Klassisch mit mediterranem Einfluss
Haltestelle: S, U Marienplatz
Stadtplan: Nr. 45

Zentral gelegen, gleich hinter dem Viktualienmarkt und gegenüber der Schrannenhalle am St. Jakobsplatz, bietet sich der „Blaue Bock" sowohl für eine kulinarisch gehobene Mittagspause als auch für ein ausgedehntes Abendessen an. Man sollte sich nicht vom Namen in die Irre führen lassen: Das Restaurant ist alles andere als bayerisch-traditionell, weder beim Interieur noch auf der Karte. Der Witzigmann-Schüler Hans Jörg Bachmeier verzichtete bewusst auf jegliches Lokalkolorit, als er im Sommer 2004 sein anspruchsvolles Restaurant eröffnete – puristisch im Stil und auf höchste Qualität bedacht. Man sitzt auf terrakottafarbenen, mit Cord bezogenen Sesseln vor weiß eingedeckten Tischen und genießt erlesene Gerichte wie „Gänseleber, Quitte" oder „Gazpacho Andaluz, Sepioline".

Weisses Brauhaus

Tal 7
80331 München
Zentrum
Telefon: 089 / 2 90 13 80
www.weisses-brauhaus.de

Öffnungszeiten: täglich 7.00 Uhr bis open end
Preise: Brotzeit ab 4,90 €, Hauptgerichte ab 7,90 €, Nachspeisen ab 6,50 €
Küche: Bayerisch
Haltestelle: S, U Marienplatz
Stadtplan: Nr. 57

Wer bayerische Gastlichkeit schätzt und nichts gegen gebratene Kalbsfüße, gebackene Kuheuter und Saures Lüngerl einzuwenden hat, wird sich hier wohl fühlen. Weisses Brauhaus ist das Stammhaus der „Schneider Weisse", hier braute Firmengründer Georg Schneider I. 1872 sein erstes Bier. Das großräumige Wirtshaus mit Terrasse gilt auch heute noch als eines der schönsten und traditionsreichsten in der Region und als ein Ort der Begegnung quer durch die Generationen. Hier verkehren vor allem Münchner, die zu den kulinarischen Klassikern wie Schweinsbraten mit Knödel und Krautsalat oder Kaiserschmarrn ein kühles Weißbier schätzen.

Brenner Grill Pasta Bar

Maximilianstraße 15
80539 München
Zentrum
Telefon: 089 / 4 52 28 80
www.brennergrill.de

Öffnungszeiten: Mo–Sa 8.30 bis 2.00, So 9.30 bis 1.00 Uhr
Preise: Pasta ab 7,90 €, Gerichte vom Grill ab 10,50 €
Küche: Mediterran
Haltestelle: S, U Marienplatz, U Odeonsplatz
Stadtplan: Nr. 11

Rudi Kull zählt zu den erfolgreichsten Gastwirten und Restaurantbetreibern, gleich mehrfach haben er und sein Team bewiesen, dass sie wissen, was die Münchner lieben. Sein neuester Coup ist ein zeitgemäßes Grill- und Pastalokal in den historischen Gewölben des Marstalls und in bester Lage an der Maximilianstraße. Die weitläufigen, historischen Räumlichkeiten sind luftig und hell. Der Bar in modernem Wiener Kaffeehausstil folgt die Pastaria mit einem großen Kochblock in der Mitte, dahinter befindet sich der Grill, wo den Köchen ebenfalls über die Schulter geschaut werden darf. Das Ambiente wirkt edel, aber nicht elitär – die Münchner mögen das und kommen in Scharen. Ohne Reservierung sollte man eine kleine Wartezeit einkalkulieren.

UNSERE TAGESPASTA

Neva

Maximilianstraße 11
80539 München
Zentrum
Telefon: 089 / 21 02 04 80
www.nevabar.com

Öffnungszeiten: Di–Sa 19.00 bis 5.00 Uhr, So+Mo geschlossen
Preise: Cocktails ab 6,50 €
Haltestelle: S, U Marienplatz, U Odeonsplatz
Stadtplan: Nr. 39

Münchens jüngster Hotspot für die Nacht befindet sich in den Tiefen der Maximilianhöfe. Mit seinem einzigartigen Farben- und Lichtermeer, der beeindruckenden Raumhöhe von fast 5 m und dem 11 m langen Tresen aus Messing und nachtschwarzem Corian-Stahl wirkt der knapp ein Jahr alte Club cool, geradezu wie ein Loft. Optisches Highlight ist ein 2,5 t schwerer, gläserner Perlenvorhang, der eine elegante Verbindung von der Bar zu der eingelassenen Tanzfläche in Messing bildet. Über eine geschwungene Treppe gelangt man zur Galerie-Loge mit bequemer Sitzlandschaft und freiem Blick auf den DJ, der von seinem Privatbalkon aus den Ton angibt. Ungewöhnlich sind auch die Toilettenräume, die mit opulenten Sesseln und Kristall-Lüstern ausgestattet sind.

Havana Club

Herrnstraße 30
80539 München
Zentrum
Telefon: 089 / 29 18 84
www.havanaclub-muenchen.de

Öffnungszeiten: Mo–Do 18.00 bis 1.00, Fr+Sa 18.00 bis 3.00, So 19.00 bis 1.00 Uhr
Preise: Cocktails ab 6,50 €
Küche: Snacks und Toast
Haltestelle: S, Tram Isartor, S, U Marienplatz
Stadtplan: Nr. 26

Ruhig, aber in bester Citylage gleich hinter der Maximilianstraße befindet sich diese bereits seit vielen Jahren beliebte Bar. Im kubanisch inspirierten Hemingway-Ambiente schmeckt ein hochprozentiger Cocktail gleich doppelt gut, und wer einen der dicken Ledersessel ergattern kann, wird die Bar sicherlich nicht so schnell wieder verlassen wollen. Über 80 verschiedene Rumsorten sind im Angebot, und an der Theke stehen Barkeeper, die ihr Handwerk verstehen. Es gibt dementsprechend eine beeindruckende Auswahl an Rumcocktails, und niemand rümpft die Nase, wenn eine gute Zigarre geraucht wird. Die Inneneinrichtung ist ganz im spanischen Kolonialstil gehalten, während kubanische Livemusik die Sinne anregt, ohne aufdringlich zu sein.

Havana
Club

Cocoon

Christophstraße 3
80538 München
Lehel
Telefon: 089 / 25 54 19 66
www.go-cocoon.de

Öffnungszeiten: Di–Sa 18.30 bis 1.00 Uhr, So+Mo geschlossen
Preise: Hauptgerichte ab 12,90 €, Menüs 36 € bis 42 €
Küche: Euroasiatisch bis mediterran
Haltestelle: U Odeonsplatz und Lehel
Stadtplan: Nr. 14

Das Lehel gehört zu den gehobenen Wohnvierteln der Stadt und ist vor allem bei jungen Kreativen und erfolgreichen Jungunternehmern beliebt. Dieses Publikum ist denn auch im Cocoon anzutreffen: Menschen, die eine behagliche und zugleich stilvoll-moderne Atmosphäre genauso schätzen wie eine kreative Küche. Hinter dem Barbereich mit einigen Stehtischen befinden sich sorgfältig eingedeckte Esstische, an denen solche Köstlichkeiten wie gegrillter Fisch an Griesbrei mit Tomaten- und Olivenstückchen, Perlhuhnbrust mit Tonkabohnenspätzle oder Chickensatée auf Limonen-Augenbohnen und Kokossauce serviert werden. Zu den Highlights der Menükarte zählen die fantastischen Dessertkreationen, und für Weinkenner gibt es eine große Auswahl guter Tropfen.

smuk feine kost

Seitzstraße 13
80538 München
Lehel
Telefon: 089 / 21 02 48 36
www.smuk.info

Öffnungszeiten: Mo–Fr 9.00 bis 17.00 Uhr (und nach Vereinbarung)
Preise: Sandwiches, Salate, Suppen, Eintöpfe 2,90 € bis 4,90 €, Hauptgerichte 6 € bis 8 €. Es werden keine Kreditkarten akzeptiert.
Küche: Pastagerichte, Gemüse aus dem Wok mit Fisch und Huhn, deftige Eintöpfe
Haltestelle: U Lehel
Stadtplan: Nr. 50

Klein, ideal im hübschen Stadtteil Lehel gelegen und sehr beliebt: Katja Ungars Feinkost-Laden ist primär ein Steh-Bistro mit mediterran geprägter Küche und vor allem mittags Treffpunkt für Berufstätige aus der Umgebung. Zur Auswahl stehen Suppen und Pastagerichte, Salate, Sandwiches und Desserts. Die warmen Speisen wechseln täglich und werden „à la minute" im Laden fertiggestellt. Für die Gäste stehen eine handvoll Stehtische und Hocker aus gestapelten Evian-Kisten bereit, für den kommenden Sommer ist eine kleine Terrasse geplant. Auch das Shopping-Angebot soll erweitert werden, wobei die Inhaberin mehr Wert auf Qualität denn auf Quantität legt. So stammen die „Duchy Original"-Kekse von der Farm von Prince Charles und der Kaffee kommt direkt von einem kleinen Familienbetrieb in Italien.

Leichte Tomatencreme Suppe 3,40€
SANDWICH EINFACH
SCHINKEN
KÄSE
MOZZARELLA
THUNFISCH

ISARBAR

Bayerstraße 12
80335 München
Zentrum
Telefon: 089 / 5 99 48 29 63
www.sofitel.com

Öffnungszeiten: täglich 8.00 bis 1.00 Uhr
Preise: Snacks 6 € bis 16 €
Haltestelle: Hauptbahnhof
Stadtplan: Nr. 30

Die ISARBAR im Hotel „Bayerpost" präsentiert sich als klassische Hotelbar in modern-stilvollem Gewand, weswegen sie nicht nur bei den Hotelgästen beliebt ist. Neben den gekonnt gemixten Cocktails, der guten Weinauswahl und den leckeren Snacks ist es aber vor allem die Ausstattung, die beeindruckt. Der ausladende Bartresen ist aus schimmerndem Imbujaholz gefertigt, hochglänzend lackiert und mit angelaufenem Messing, samtgrüner Seide und dickem, schwarzen Leder versehen. Hinter der Bar befindet sich ein mit dunkel glänzenden Glasmosaik-Fliesen dekoriertes Regal. Für den Gast sichtbar integriert sind ein eingebauter Klimaschrank für Weißwein und einer für Rotwein in Kombination mit einem Humidor.

Restaurant Schwarz & Weiz

Bayerstraße 12
80335 München
Zentrum
Telefon: 089 / 5 99 48 29 65
www.sofitel.com

Öffnungszeiten: täglich 18.00 bis 23.00 Uhr
Preise: Hauptgerichte 19 € bis 24 €
Küche: International
Haltestelle: Hauptbahnhof
Stadtplan: Nr. 46

Das Restaurant Schwarz & Weiz erstreckt sich über drei Etagen und bildet den kulinarischen Mittelpunkt des „Dorint Sofitel Bayerpost" am Hauptbahnhof. Nicht nur Hotelgäste, sondern auch viele Münchner schätzen das moderne und puristische Design sowie die internationale, mediterrane Küche von Küchendirektor Sascha Baum. Auf der Menükarte stehen kreative Fisch- und Fleischgerichte neben Klassikern wie Wiener Schnitzel. Stammgäste halten stets etwas Platz für ein Dessert frei, denn die süßen Kreationen aus der Küche des Restaurants sind ein Muss.

Königlicher Hirschgarten

Hirschgarten 1
80639 München
Nymphenburg
Telefon: 089 / 17 99 91 19
www.hirschgarten.de

Öffnungszeiten: 9.00 bis 24.00 Uhr
Preise: Snacks, Hauptgerichte 4,20 € bis 15 €
Küche: Bayerisch
Haltestelle: S Laim, Bus, Tram Romanplatz
Stadtplan: Nr. 31

Die Chronik besagt, dass der ehemals kurfürstliche Hirschgarten einen Vorgänger hatte, nämlich eine 1720 angelegte Fasanerie. Offenbar wurde hier für die kurfürstlichen Brauhäuser Hopfen angebaut. 1791 wurde dann das so genannte „Jägerhaus", der heutige Hirschgarten, eröffnet. Mit seinen 8 000 Plätzen ist er der größte Biergarten in München und wird von Einheimischen wie von Touristen gleichermaßen wegen seiner bayerischen Gemütlichkeit geschätzt. Im Norden der Großstadt stehen hier uralte Kastanien, und es gibt ein Gehege mit Damwild. Im Königlichen Hirschgarten sind die herrlichsten Schmankerl zu haben: Grillgerichte, Steckerlfisch, Hendl und Brotzeit-Spezialitäten, dazu natürlich frisch gezapftes Bier.

Geschirr-
sammelstelle
Geschirr-
sammelstelle

Tantris

Johann-Fichte-Straße 7
80805 München
Schwabing
Telefon: 089 / 3 61 95 90
www.tantris.de

Öffnungzeiten: Di–Sa 12.00 bis 15.00 und 18.30 bis 1.00 Uhr, So+Mo geschlossen
Preise: Menüs 62 € bis 140 €
Küche: International
Haltestelle: U Dietlindenstraße
Stadtplan: Nr. 54

Kein echter Feinschmecker kommt am Tantris vorbei: berühmt gemacht von Eckart Witzigmann, berühmt gehalten von Heinz Winkler und seit 1991 von Hans Haas. Seit über 30 Jahren beweist Hausherr Fritz Eichbauer mit der Wahl seiner Köche ein goldenes Händchen. Großmeister Haas setzt dabei auf Understatement. Seine Gerichte klingen einfach, sind jedoch höchst elegante Kompositionen, die von exzellenten Zutaten und perfekter Zubereitung leben und im Michelin-Führer mit zwei Sternen belohnt werden. Das Tantris-Interieur in den Farben Hummerrot und Trüffelschwarz ist von jeher Kult. Neuerdings wird die Bar des Gourmettempels von einer goldenen Decke gekrönt, und eine Galerie mit der „Tantris-Lounge" lädt zu Fingerfood und Snacks bei Wein und Champagner sowie dem Genuss edelster Tabakwaren ein.

FROHLICH TANTRIS
FREUDIG TANTRIS
FEURIG TANTRIS

Einkaufen

Oft wird über die Münchner und ihren Hang zur Mode gelästert. Tatsächlich sind hier wohl mehr „Fashion Freaks“ anzutreffen als in Hamburg oder Berlin. Das macht sich auch bei der Anzahl an Modegeschäften bemerkbar. Von H&M und Zara bis zu Designerläden wie Strenesse oder Giorgio Armani – es ist alles vorhanden. Als eleganteste Einkaufsmeile gilt nach wie vor die Maximilianstraße, doch Theatiner- und Weinstraße, Gärtnerplatzviertel und Schwabing haben auch viel zu bieten. Dort, wo die Mieten noch nicht ganz so hoch sind, etwa in Haidhausen oder im Schlachthof-Viertel, sind junge Designer mit ihren Läden zu finden, während die eleganten neuen Einkaufspassagen „FÜNF HÖFE“ und „Maximilianhöfe“ für die internationalen Markennamen der Modewelt stehen. Doch es gibt auch anderes als Mode in München: Dallmayr und Käfer sind ebenso Schlaraffenländer für Feinschmecker wie der Viktualienmarkt mit seinem großen Angebot an Obst und Gemüse, Fisch und Fleisch, Käse, Brot, Wein und Oliven. Am Samstagvormittag ist „tout Munich“ auf dem Markt, um für das Wochenende einzukaufen und nebenbei etwas zu essen.

Linke Seite: Sarajo
Rechte Seite: links und rechts Abovo

CityQuartier FÜNF HÖFE

Theatinerstraße
80333 München
Zentrum
Telefon: 089 / 24 44 95 80
www.fuenfhoefe.de

Öffnungszeiten: Mo–Fr 10.00 bis 19.00, Sa 10.00 bis 18.00 Uhr
Haltestelle: U Marienplatz und Odeonsplatz, Tram Theatinerstraße
Stadtplan: Nr. 13

Selten konnte sich ein städtebauliches Projekt einer so einstimmigen Begeisterung erfreuen wie die zwischen Marien- und Odeonsplatz gelegenen FÜNF HÖFE. Sie eröffnen Shopping-Möglichkeiten, die von internationalen Designern wie Strenesse, Max Mara oder Emporio Armani, über exklusive Schuhmode, Juweliere und Schmuckdesigner bis zu Literatur und internationaler Presse reichen. Des Weiteren finden Sie Interieurprodukte, Lebensmittelfachgeschäfte, Rauchwaren und Glaswaren. Insgesamt bieten die FÜNF HÖFE ihren Besuchern über 60 Läden sowie eine vielfältige Palette an Bars, Cafés und Restaurants. Doch die FÜNF HÖFE sind noch viel mehr. Auch die Kunsthalle der Hypo-Kulturstiftung mit ihren bedeutenden Ausstellungen fand hier ein neues und größeres Domizil, das unter anderem von den Architekten Herzog & de Meuron geplant und realisiert wurde.

ARMANI / DOLCI
OSKA

English Bookshop & Antiquariat

Salvatorplatz 2
80333 München
Zentrum
Telefon: 0 18 01 / 48 44 84
www.hugendubel.de

Öffnungszeiten: Mo–Sa 10.00 bis 20.00 Uhr
Produkte: Bücher, Kalender, Hörbücher, Zeitschriften
Haltestelle: U Odeonsplatz
Stadtplan: Nr. 19

Die Buchhandlung Hugendubel ist seit der Gründung im Jahr 1865 aus München nicht mehr wegzudenken. Am bekanntesten ist die Filiale am Marienplatz, die 1979 als erste Großbuchhandlung in Deutschland eröffnet wurde. Derzeit besteht das Unternehmen aus 32 Filialen, einem Service-Center für Kundenkontakte und der Internetbuchhandlung www.hugendubel.de. Neueren Datums ist der Hugendubel English Bookshop am Salvatorplatz, der die größte Auswahl an englischsprachigen Büchern im Raum München anbietet. Ganz gleich, ob in gebundener Form oder als Taschenbuch, ob Krimi oder Liebesroman – was im englischen Sprachraum gedruckt wird, kann hier gekauft oder bestellt werden. Zusätzlich bietet die Buchhandlung eine Abteilung, in der es antiquarische Bücher und Grafiken zu kaufen gibt.

Fantasy
Fantasy
Crime & Thriller
Crime & Thriller
FREDERICK FORSYTH
THE AFGHAN
ANDREW KLAVAN
AGATHA CHRISTIE
Nemesis
DONNA LEON
Through a Glass, Darkly
VAL McDERMID
THE WIRE IN THE BLOOD
VAL McDERMID
KILLING THE SHADOWS
THE WHITE LIONESS
HENNING MANKELL
Mankell
HENNING MANKELL
THE DOGS OF RIGA

Dallmayr

Dienerstraße 14–15
80331 München
Zentrum
Telefon: 089 / 2 13 50
www.dallmayr.de

Öffnungszeiten: Mo–Fr 9.30 bis 19.00, Sa 9.00 bis 18.00 Uhr (Delikatessenhaus und Café), Di–Sa 12.00 bis 15.00 und 19.00 bis 23.00 Uhr (Restaurant)
Besonderheit: Delikatessenhaus, Café Dallmayr und Restaurant Dallmayr (Reservierungen erforderlich) in einem Haus
Haltestelle: S, U Marienplatz
Stadtplan: Nr. 16

Feinschmecker werden hier wunschlos glücklich – das traditionsreiche Delikatessengeschäft gleich hinter dem Marienplatz bietet alle nur erdenklichen Köstlichkeiten in einem angenehm nostalgischen Markthallen-Ambiente. Im Erdgeschoss befinden sich mehrere ineinander übergehende Verkaufsräume mit unterschiedlichen Abteilungen, in denen unter anderem Pralinen, Kaffee, Wein, Fisch, Käse oder Wurstwaren locken, daran schließt sich eine Schlemmerbar für den „Sofortverzehr" von Austern und Meeresfrüchten an. Wer hingegen zurückgezogener essen möchte, geht in die erste Etage, in der das kürzlich neu eröffnete Café Dallmayr mit leichten Mittagsgerichten sowie einer Auswahl an Kuchen und Pâtisserie glänzt. Das benachbarte Restaurant Dallmayr bietet seinen Gästen eine exquisite, kreative Küche mit mediterranen Einflüssen und speziellen Mittags-und Abendmenüs.

Stierblut Mens- and Womenswear

Sendlinger Straße 35 + 37
80331 München
Zentrum
Telefon: 089 / 23 08 73 86
www.stierblut.de

Öffnungszeiten: Mo–Sa 10.00 bis 20.00 Uhr
Produkte: Designerware für Männer und Frauen, Accessoires, Lifestyle-Produkte
Haltestelle: U Sendlinger Tor
Stadtplan: Nr. 53

Nicht jeder trägt gerne klassische Mode. Stierblut ist auch für all jene gedacht, die Röcke, Hemden, Hosen, Anzüge sowie Sakkos der ungewöhnlichen Art bevorzugen – raffiniert im Schnitt und doch tragbar. Dazu werden Accessoires wie Gürtel, Taschen, Schmuck und Schuhe angeboten. Themenbezogene Lifestyle-Artikel und CDs runden dabei das Sortiment ab. Labels wie Hugo, Adidas, Patrizia Pepe, Filippa K, Tiger of Sweden oder Andrew MacKenzie gehören zum Standardrepertoire. Stierblut setzt Trends und gilt als „Szenetreffpunkt" in München. Die individuelle Style-Beratung und ein Drink in der Stierblut-Lounge laden zum entspannten und erfolgreichen Shopping ein.

stierblut

Loden-Frey München am Dom

Maffeistraße 7
80333 München
Zentrum
Telefon: 089 / 21 03 90
www.loden-frey.com

Öffnungszeiten: Mo–Sa 10.00 bis 20.00 Uhr
Produkte: Hochwertige Designer- und Markenmode, Trachtenbekleidung
Haltestelle: S, U Marienplatz
Stadtplan: Nr. 33

WELT-Tipp: Hier können sich Oktoberfest-Debütanten kurzfristig mit authentischer Wiesn-Mode ausrüsten.

Längst sind die Zeiten vorbei, in denen es bei Loden-Frey ausschließlich bayerische Trachtenmode zu kaufen gab. 1842 kam der junge Weber Johann Georg Frey nach München und begann, mit zehn Webstühlen Wollstoffe, später auch Loden, zu fertigen. Bis heute ist die Trachtenabteilung des Textilunternehmens riesig und äußerst gut sortiert, doch auf den diversen Etagen wird zudem eine große Auswahl an Designer-Mode und schicken Accessoires angeboten. Auch die Herren kommen auf ihre Kosten, sie finden neben Lederhosen, Wollsocken und Janker edle Modelle der Linien „Poldi" oder „Country Frey". Boss und Ralph Lauren, Strenesse und Max Mara, Marc Cain und Armani sind nur einige der Labels, die mit den hauseigenen Loden-Frey-Linien um die Gunst der Kunden konkurrieren.

FresoHome

Brienner Straße 14
80333 München
Zentrum
Telefon: 089 / 22 80 79 76
www.fresohome.de

Öffnungszeiten: Mo–Fr 10.00 bis 19.00, Sa bis 18.00 Uhr
Produkte: Stoffe, Möbel, Lampen, Accessoires
Haltestelle: U Odeonsplatz
Stadtplan: Nr. 23

Seit Juli 2006 residiert der exklusive Einrichtungsladen FresoHome in neuen, 170 m² großen Räumlichkeiten an der eleganten Münchner Brienner Straße. Verkauft werden Möbel und Wohnaccessoires, die einen reduzierten Landhausstil verkörpern. Zu den Kunden zählen Schloss- und Landgutbesitzer sowie Menschen, die auch in der Stadt einen ländlichen Wohnstil bevorzugen. Bei FresoHome sind Polstermöbel, Stoffe und Accessoires des spanischen Herstellers KA International zu finden sowie die stimmungsvollen Möbel von Flamant aus Belgien und Mis en Demeure aus Paris. Zu den Bestsellern aus dem gekonnt zusammengestellten Angebot zählen Textilien, Tapeten und Wandfarben, die den Landhaus-Look unterstreichen.

teNeues Store München

Brienner Straße 14
Eingang Oskar-von-Miller-Ring
80333 München
Zentrum
Telefon: 089 / 22 80 79 76
www.teneues.com

Öffnungszeiten: Mo–Fr 10.00 bis 19.00, Sa bis 18.00 Uhr
Produkte: Buchprogramm des teNeues Verlages
Haltestelle: U Odeonsplatz
Stadtplan: Nr. 55

Die teNeues-Verlagsgruppe betreibt mit dem teNeues Store München ihren ersten eigenen Buchladen. Die in elegantem dunklen Holz gehaltene Book Lounge wirkt wie eine private Bibliothek und bereitet den aufwendigen Fotografietiteln, den exklusiven Büchern der Collector's Edition und den inspirierenden Coffee-Table-Books der Luxury-Serie ein stilvolles Ambiente. Auch den teNeues-Reihen wie Cool Restaurants, Cool Shops und Ultimate Design bietet der Shop eine optimale Präsentationsfläche. Entworfen und gebaut von Paschen & Companie, befindet sich der teNeues Store neben dem Einrichtungshaus FresoHome. Beide Geschäfte gehen ineinander über. Diese gelungene Raumverbindung – an der Rückseite von Licht durchflutet und mit Blick auf die Brienner Passage – bietet darüber hinaus Platz für Ausstellungen mit Werken der bei teNeues verlegten Fotografen.

ELLIOTT ERWITT
PERSONAL BEST
teNeues
Boat Design
Car Design
New Scandinavian Design
Berlin Apartments
AMSTERDAM
AUSTRALIA

POOL

Maximilianstraße 11
80539 München
Zentrum
Telefon: 089 / 26 60 35
www.verypoolish.com

Öffnungszeiten: Mo–Fr 10.00 bis 19.00, Sa bis 18.00 Uhr
Produkte: Fashion, Music, Home-Accessories
Haltestelle: U Odeonsplatz
Stadtplan: Nr. 42

Der Laden könnte auch in London bestehen – POOL ist ein angesagter Trendstore mit einem Konzept, das nicht nur auf Mode, sondern auch auf Musik setzt. Ein eigens dafür eingerichteter Bereich setzt CDs und Vinyl gekonnt in Szene und schafft eine ausgelassene Stimmung. Sehenswert ist bereits der Standort: In einem schlauchartigen Kellergeschoss treffen ausgewählte High-Class-Labels auf rohen Beton, Versorgungsrohre, Comiczeichnungen, Wasserbüffelköpfe und marokkanische Lüster. Ziel ist es, dem Zeitgeist ein Stück voraus zu sein und die meist junge, experimentierfreudige „High End High Trend“-Zielgruppe mit Innovativem zu begeistern. Bildschirme mit Videos von den Laufstegen der Modemetropolen, Themenabende mit bekannten DJs und exklusive Fashionshows mit bis zu 1 000 Gästen runden das Angebot ab.

Lollipop & Alpenrock

Tal 27 / 6. Stock
80331 München
Zentrum
Telefon: 089 / 2 01 11 14
www.lolapaltinger.com

Öffnungszeiten: Termine nach Vereinbarung
Produkte: Dirndl, trachtige Mode
Es werden keine Kreditkarten akzeptiert.
Haltestelle: S Isartor
Stadtplan: Nr. 34

Stars und Starlets, die in München das Oktoberfest besuchen und nicht in einer zu traditionellen Tracht erscheinen möchten, sind bei Lola Paltinger bestens aufgehoben. Die Münchner Designerin mag es flippig: Moulin Rouge goes Oktoberfest, alles unter dem Logo des röhrenden Hirschen. Ein Tigerdirndl mit Glitzerschürze und Spitzenbluse ist hier ebenso zu haben wie T-Shirts und Kostüme im Bayernlook. Das Geschäft ist allerdings schwer zu finden, da es sich im sechsten Stock eines nur Eingeweihten bekannten Hauses befindet – somit ein echter Geheimtipp. „Geschäft" ist zudem nicht die treffende Bezeichnung. Vielmehr handelt es sich um ein Atelier mit Verkaufsraum. Und die angebotenen Modelle sind auch keineswegs nur für das Oktoberfest geeignet, mit ihnen machen Sie auch auf jeder Party eine gute Figur.

Buchhandlung L. Werner

Residenzstraße 18
80333 München
Zentrum
Telefon: 089 / 22 69 79
www.buchhandlung-werner.de

Öffnungszeiten: Mo–Fr 9.30 bis 19.00, Sa bis 18.00 Uhr
Produkte: Diverse Bücher und Fachzeitschriften
Haltestelle: S, U Marienplatz, U Odeonsplatz, Tram Nationaltheater
Stadtplan: Nr. 12

Die Buchhandlung L. Werner zählt zu den alteingesessenen Kulturinstitutionen in München. Sie wurde bereits 1878 durch Louis Werner gegründet, ist seitdem öfter umgezogen und wechselte mehrfach den Besitzer. Geblieben ist jedoch das ursprüngliche Konzept, Büchern, die sich mit Kunst und Architektur beschäftigen, eine Plattform zu bieten und zu verkaufen. Heute gibt es zwei Filialen in München. In der Residenzstraße werden Bücher über Kunst und Fotografie, Grafikdesign, Mode, Kunstgewerbe, Archäologie und Ethnologie angeboten, in der Türkenstraße 30 sind dagegen Werke über Architektur, Städtebau, Landschaftsarchitektur und Produktdesign zu finden, ergänzt durch eine gute Auswahl an Fachzeitschriften.

Abovo

Rumfordstraße 8
80469 München
Gärtnerplatzviertel
Telefon: 089 / 26 01 80 00
www.abovohome.com

Öffnungszeiten: Mo–Fr 10.30 bis 19.00, Sa 10.00 bis 18.00 Uhr
Produkte: Accessoires, Möbel, diverse Lifestyle-Artikel
Haltestelle: S, U Marienplatz, Tram Reichenbachplatz
Stadtplan: Nr. 1

Als der ursprüngliche Laden in der Rumfordstraße zu klein wurde, eröffnete Abovo ein paar Häuser weiter ein zweites Geschäft, das auf zwei Etagen allerlei ungewöhnliche Einrichtungsstücke ausstellt: ausladende Sofas, gemütliche Betten, lange Esstische aus Holz, bunt gestreifte Sessel, Blumentöpfe aus Keramik, formschöne Lampen. In dem ersten und deutlich kleineren Laden sind nun Accessoires zu finden, wie bunte, geflochtene Plastikkörbe und Taschen von Freitag, Hüte und Mützen von Bronte, Schreibutensilien, Geldbörsen und Gadgets jeder Art. Beide Geschäfte bieten Waren in ganz unterschiedlichen Preiskategorien an, zwischen Designerstücken sind auch No-Name-Produkte und skurrile Geschenkartikel zu finden. Zwar gibt es auch traditionelle Klassiker, doch die meisten der ausgestellten Produkte sind eher unkonventioneller Art.

Sajaro

Rumfordstraße 3
80469 München
Gärtnerplatzviertel
Telefon: 089 / 26 02 43 43
www.sarajo.de

Öffnungszeiten: Mo–Fr 10.30 bis 19.30, Sa 11.00 bis 18.00 Uhr
Produkte: Exklusive Designerartikel
Haltestelle: S, U Marienplatz, Tram Reichenbachplatz
Stadtplan: Nr. 47

Hinter dem exotischen Namen verbirgt sich eine Nobelboutique in dem Trendviertel um den Gärtnerplatz. In zwei getrennten, großzügigen und sehr schön gestalteten Läden – einer für Damen und einer für Herren – ist die Avantgarde der Designerwelt zu Hause. Und zwar mit Mode der ausgefallenen Sorte wie zum Beispiel Earl Jeans, Chloé, Marc Jacobs, Moschino oder Celine. Zwar muss man für jeden Schuh, jedes Kleid und jede Hose ein kleines Vermögen opfern, dafür sind die Modelle aber auch eine Klasse für sich. Ein weiterer Pluspunkt: Das Team im Sarajo ist nett – auch wenn man gar nichts kaufen möchte.

Walter & Benjamin

Rumfordstraße 1
80469 München
Gärtnerplatzviertel
Telefon: 089 / 26 02 41 74
www.walterundbenjamin.de

Öffnungszeiten: Mo 10.00 bis 20.00, Di–Sa bis 23.00 Uhr
Produkte: Wein, Bücher, Essen
Haltestelle: S, U Marienplatz, Tram Reichenbachplatz
Stadtplan: Nr. 56

Der Standort ist gut gewählt: Im Gärtnerplatzviertel wohnt genau die richtige Zielgruppe für einen gut sortierten Weinladen mit erlesener Bistroküche. Wer allein zum Einkaufen kommt, hat die Qual der Wahl, denn das Angebot an hervorragenden, teils sehr seltenen Weinen ist groß. Es gibt vor allem Weine aus Europa mit dem Schwerpunkt auf Frankreich und Spanien. Unentschlossene haben die Möglichkeit, verschiedene Weine an der Bar zu verkosten, die meisten Gäste setzen sich aber lieber gleich an einen der wenigen Tische und studieren das täglich wechselnde Angebot der Küche. Mal gibt es eine Blumenkohl-Curry-Suppe, mal einen Oktopus-Salat mit weißen Bohnen oder Schwarzfederhuhn mit Rosmarinkartoffeln. Natürlich immer mit kompetenter Weinberatung und einer großen Auswahl an offenen Weinen.

soda. internationale magazine und bücher

Baaderstraße 74
80469 München
Gärtnerplatzviertel
Telefon: 089 / 20 24 53 53
www.sodabooks.com

Öffnungszeiten: Mo–Fr 10.00 bis 19.00, Sa bis 17.00 Uhr
Produkte: Internationale Magazine und Bücher
Haltestelle: U, Tram Fraunhoferstraße
Stadtplan: Nr. 51

Bei soda finden Sie das, was sonst nicht nur in München, sondern in ganz Deutschland kaum erhältlich ist: Publikationen aus den Bereichen Grafikdesign, Fotografie, Architektur, Lifestyle, Mode und Illustration aus der ganzen Welt. Die Inhaber verfolgen die Idee eines künstlerischen Konzentrats; unkompliziert, streng ausgewählt und doch facettenreich – von romantisch verträumt bis völlig skurril. Bei soda werden Einblicke in internationale Trends ermöglicht, ständig neue Titel reflektieren die aktuellen Entwicklungen und Veränderungen. Neben den Zeitschriften stehen Bücher aus den Bereichen Fotografie, Hip-Hop-Kultur, Streetart, Architektur und Design sowie einige Vinyl-Toys, die längst weltweit zu Sammlerobjekten avanciert sind.

JAMES COBURN
FIREPOWER
iMac

Salon Tsé & Tsé et compagnie – design&genuss

Jahnstraße 25
80469 München
Glockenbachviertel
Telefon: 089 / 20 20 75 75
www.salontsetse.de

Öffnungszeiten: Di–Fr 11.00 bis 19.00, Sa 11.00 bis 18.00 Uhr
Produkte: Französisches Design, Feinkost
Haltestelle: U, Tram Fraunhoferstraße
Stadtplan: Nr. 48

Seit Mai 2005 bietet der Salon Tsé & Tsé im Glockenbachviertel als einziger Laden in Deutschland das gesamte Sortiment von Tsé & Tsé associées Paris an, also Designobjekte wie etwa eine Vase aus 21 Reagenzglasröhrchen, Windlichter aus Porzellan, filigrane Mobiles mit Insekten und Blumen, schlichte weiße Schüsseln, Teller und Schalen. Die Designerinnen von Tsé & Tsé associées Paris entwickeln jedes ihrer Objekte in kleinen Manufakturen, teilweise werden auch Einzelstücke gefertigt. Der Münchner Shop ergänzt sein Angebot zudem durch eine Auswahl an hauptsächlich französischen Designobjekten und Feinkost. Es gibt Meersalz „Fleur de Sel", Dijon-Senf, Honig und Marmelade aus der Provence. Daneben können Sie hier exquisite Textilien erwerben, von edler französischer Bettwäsche bis zu kunterbunten japanischen Vorhängen.

GAUCHO

Hotels

Nun gut, als trendweisend im Hotelbereich hat sich München noch nie verstanden. Nach wie vor ist der Bayerische Hof das erste Haus am Platze, und trotz Innovationen wie cooler Bar, Designerzimmern und ultraschickem Spa wird das Hotel nach wie vor als „traditionell" betrachtet. Ähnliches gilt für das alteingesessene Vier Jahreszeiten an der Maximilianstraße, in dem schon Kaiserin Elisabeth von Österreich genächtigt hat. Doch es gibt auch andere Möglichkeiten, die Nacht zu verbringen. Neu ist das Dorint Sofitel Bayernpost gleich neben dem Hauptbahnhof. Es residiert in einem historischen Gebäude, das von innen mit puristischem Design und extravaganten Raumkonzepten neue Maßstäbe setzt. Jüngster Neuzugang im Luxussegment ist das schick designte Rocco-Forte-Hotel Lenbach Gärten mit 160 Zimmern am alten Botanischen Garten.

Linke Seite: Hotel Opéra
Rechte Seite: links Hotel la Maison, rechts Mandarin Oriental, Munich

CORTIINA Hotel

Ledererstraße 8
80331 München
Zentrum
Telefon: 089 / 2 42 24 90
Fax: 089 / 2 42 24 91 00
www.cortiina.com

Preise: 146 € bis 286 € (bitte Messe- und Wiesnraten beachten)
Haltestelle: S, U Marienplatz
Stadtplan: Nr. 15

Die Zimmer sind nicht eben riesig, die Lage ist nicht gerade gediegen, und einen Spa gibt es auch nicht – trotzdem ist das CORTIINA eines der angesagtesten Hotels in München. Es liegt ausgesprochen zentral und präsentiert sich urban, schick, lässig und durchgestylt. Die Zimmer sind schlicht und schön, in gedeckten Farben gehalten und mit viel Hightech versehen. Spannend sind Lobby, Restaurant und Bar, die ineinander übergehen. Sie werden nicht nur von den vorwiegend jungen und trendbewussten Hotelgästen, sondern auch von Münchner Yuppies in Beschlag genommen, am Abend ist an der Bar und auf den bequemen Sofas in dem Lobbybereich nur selten ein Platz frei.

anna hotel

Schützenstraße 1
80335 München
Zentrum
Telefon: 089 / 59 99 40
Fax: 089 / 59 99 43 33
www.geisel-privathotels.de

Preise: EZ ab 170 €, DZ ab 190 €
Besonderheit: Minibar und Frühstücksbuffet inklusive
Haltestelle: S, U Karlsplatz (Stachus)
Stadtplan: Nr. 5

Das 2002 eröffnete und drei Jahre später erweiterte Designhotel hat eine Lücke in Münchens Hotelszene gefüllt. Es vereint urbanen Schick, ein junges und lockeres Ambiente mit den Annehmlichkeiten der gehobenen Gastlichkeit. Das anna hotel liegt optimal zwischen Bahnhof und Innenstadt am zentralen Stachus und wurde für eine jüngere Klientel und trendorientierte Geschäftsreisende konzipiert. Die gesamte Einrichtung stammt von „Donghia" aus New York und steht unter dem Motto „casual living". Auch bei Münchnern beliebt ist das rundum verglaste „anna restaurant & bar" mit seinem opulenten Frühstücksbuffet, der kreativen euro-asiatischen Küche von Mirco Frentzel, der Terrasse und dem angenehmen Preis-Leistungsverhältnis.

Mandarin Oriental, Munich

Neuturmstraße 1
80331 München
Zentrum
Telefon: 089 / 29 09 80
Fax: 089 / 22 25 39
www.mandarinoriental.com

Preise: EZ 325 € bis 440 €, DZ 375 € bis 490 €, zzgl. Frühstück 29 € p.P.
Besonderheit: Die Dachterrasse ist von Mai bis Oktober geöffnet.
Haltestelle: S, U Marienplatz, U Isartor
Stadtplan: Nr. 35

Die „Grande Dame" der Münchner Hotellerie wirkt schon von außen wie ein Wohntraum in Weiß, die historische Fassade zählt zu den schönsten der Stadt. Innen ist alles von ausgesuchter Eleganz, ganz gleich ob Eingang, Lobby, Restaurant oder Zimmer – jeder Bereich ist stilvoll und unaufdringlich luxuriös gestaltet. Das mehrfach ausgezeichnete Hotel liegt im Herzen Münchens und ist nur ein paar Schritte von der Altstadt, den Museen, der Oper, den Theatern und der eleganten Maximilianstraße entfernt. Die Umgebung ist bekannt für ihre exzellenten Restaurants, Designerboutiquen, Kunstgalerien, das Hofbräuhaus und den berühmten Viktualienmarkt. Zu den Highlights des Hauses zählen das hervorragende Restaurant Mark's und die Dachterrasse mit geheiztem Pool und einem fantastischen 360-Grad-Blick über die Stadt.

Hotel Opéra

St.-Anna-Straße 10
80538 München
Lehel
Telefon: 089 / 2 10 49 40
Fax: 089 / 21 04 94 77
www.hotel-opera.de

Preise: 190 € bis 335 €
Besonderheit: Hunde sind willkommen.
Haltestelle: U Lehel
Stadtplan: Nr. 29

Klein, fein und ein klein wenig plüschig – das Hotel Opéra vereint altmodische Details mit den Komfortansprüchen einer kosmopolitischen Kundschaft. Das historische Stadtpalais wurde 1898 vom königlich bayerischen Hoflieferanten als das feinste Wildbret- und Delikatessengeschäft der Stadt erbaut. Der Eisbach, der unter dem Haus fließt, wurde zum Frischhalten von Fischen und Hummern genutzt, bevor sie auf der königlichen Tafel als Gaumenschmaus landeten. 1976 wurde das Haus mit viel Engagement und Enthusiasmus von Kopf bis Fuß umgestaltet. Jedes Zimmer erhielt seine eigene Note – jedes Objekt im Haus erzählt seine eigene Geschichte. Es verwundert nicht, dass das nahe der Maximilianstraße und gleich beim hübschen St.-Anna-Platz gelegene Hotel viele treue Stammkunden hat.

Hotel Advokat München

Baaderstraße 1
80469 München
Gärtnerplatzviertel
Telefon: 089 / 21 63 10
Fax: 089 / 2 16 31 90
www.hotel-advokat.de

Preise: EZ ab 120 €, DZ ab 140 €
Haltestelle: S Isartor
Stadtplan: Nr. 27

Die Lage ist schwer zu schlagen: Das intime Hotel mit 50 Zimmern liegt gleich beim angesagten Gärtnerplatz und direkt an der S-Bahn-Haltestelle „Isartor". Zwar verbirgt sich das Hotel hinter einer eher faden 60er-Jahre-Fassade, doch die Innengestaltung ist alles andere als langweilig. Der Einrichtungsstil ist puristisch und schlicht, die Zimmer sind in makellosem Beige gehalten, poppig grüne Granny-Smith-Äpfel sorgen für farbliche Akzente. Edel gerahmte Spiegel geben den Zimmern eine besondere Note. Unterstrichen wird dieser Eindruck auch durch die ausgewählte Möblierung. Selbst in der Lobby und in der Lounge wurde zurückhaltend mit zierenden Elementen umgegangen. Lediglich der von außen einsehbare Frühstücksraum präsentiert sich dem Passanten opulenter – wie ein sorgfältig inszeniertes Schaufenster.

Hotel la maison

Occamstraße 24
80802 München
Schwabing
Telefon: 089 / 33 03 55 50
Fax: 089 / 3 30 35 55 55
www.hotel-la-maison.com

Preise: 135 € bis 215 €
Haltestelle: U Münchner Freiheit
Stadtplan: Nr. 28

Endlich hat auch Schwabing wieder eine schicke Übernachtungsmöglichkeit zu bieten. Das Hotel la maison mit 31 Zimmern wurde im Juni 2006 rechtzeitig zur Fußballweltmeisterschaft im Herzen von Altschwabing eröffnet. Gäste, die hier absteigen, finden in ihrer unmittelbaren Umgebung sowohl Ruhe und Entspannung, etwa im nahe gelegenen Englischen Garten, als auch vielfältige Shopping-Möglichkeiten. Auch zahlreiche kulinarische Angebote und eine Vielfalt an kulturellen Einrichtungen sind nur einen Fußmarsch entfernt. Doch Sie müssen gar nicht unbedingt das Haus verlassen, um etwas zu erleben: In der Tagesbar und im Restaurant werden die Gäste mit feinen Köstlichkeiten verwöhnt, Nachtschwärmer können ihren Tag in der Bar „maison" ausklingen lassen.

ArabellaSheraton Grand Hotel München

Arabellastraße 6
81925 München
Bogenhausen
Telefon: 089 / 9 26 40
Fax: 089 / 92 64 86 99
sheraton.de/grandmunich

Preise: EZ ab 105 €, DZ ab 125 € (exkl. Frühstück)
Haltestelle: U Arabellapark
Stadtplan: Nr. 6

Im Nobelstadtteil Bogenhausen befindet sich dieses vor allem unter Geschäftsreisenden beliebte Luxushotel. Die Zahlen sprechen für sich: 22 Etagen, 643 Zimmer und Suiten, 21 Tagungsräume für bis zu 1 500 Personen. Gemeinsam mit dem gegenüberliegenden Schwesterhotel, dem ArabellaSheraton Bogenhausen, bildet es das größte Tagungszentrum Süddeutschlands mit 1 126 Zimmern und 40 Konferenz-Räumen – das ideale Hotel für Veranstaltungen jeder Art. Entspannung bietet das großzügige AltiraSPA mit Pool, Dampfbad und Fitness-Wintergarten, während das Fine-Dining-Restaurant „Die Ente vom Lehel" kulinarische Höhepunkte verspricht und das „Paulaner's Wirtshaus" zünftige bayerische Schmankerl bietet. Am späteren Abend herrscht in der „Ducktail's – Die Bar" Hochbetrieb. Barkeeper verwöhnen Hotelgäste und Münchner mit internationalen Cocktails und Longdrinks. Das „BACCO Wine & Cigars" lädt zu einem ruhigen Abend bei einem guten Glas Wein und einer exzellenten Zigarre ein.

Star Inn Hotel München

Domagkstraße 11
80807 München
Schwabing
Telefon: 089 / 3 56 57 10
Fax: 089 / 3 56 57 15 05
www.starinn.de

Preise: 59 € bis 99 €
Haltestelle: Bus Domagkstraße
Stadtplan: Nr. 52

Das Star Inn Hotel liegt zentral und trotzdem ruhig, direkt am Anfang der berühmten Leopoldstraße in Schwabing. Die 113 Zimmer sind in drei unterschiedliche Kategorien unterteilt, die vor allem in der Größe und weniger in der Ausstattung variieren. Die Einrichtung ist modern-schlicht gehalten und spielt mit warmen Farbtönen. Am Morgen steht ein erstklassiges Buffet für die Gäste bereit, es gibt eine Lobby-Bar, die rund um die Uhr geöffnet ist, und auch spät in der Nacht werden hungrige Reisende mit Snacks verköstigt. Nicht zu verachten sind auch die 200 kostenlosen Parkplätze vor dem Hotel – dies kann in Schwabing eine stundenlange Stellplatzsuche ersparen.

Was noch?

München gilt als Freizeitparadies, und das zu Recht. Die Seen und Berge vor den Toren der Stadt ermöglichen jede Menge mehr oder weniger sportliche Aktivitäten. Im Sommer sind die Ufer der Bagger- und Moorseen von Sonnenanbetern in Beschlag genommen, auf dem Starnberger See wird gesegelt und am Tegernsee gewandert. Im Winter ist es nicht weit bis zu den Bergen mit Skipisten und Rodelbahnen. Doch man muss gar nicht aus der Stadt heraus, um ins Grüne zu gelangen. Wozu gibt es den Englischen Garten? Die Isarauen? Den Zoo? Fast die gesamte Innenstadt ist mit Fahrradwegen ausgestattet, und so kann man Stadtteile wie Schwabing, Innenstadt oder das Glockenbachviertel in Ruhe auf zwei Rädern erkunden. Besonders schön ist die Fahrt an beiden Seiten der Isar, wobei das auch schon andere – Spaziergänger mit Hunden, Jogger, Inline-Skater – entdeckt haben und es hier vor allem an den Wochenenden entsprechend rege zugeht. Eine interessante Alternative bietet der Olympiapark, wo man nebenbei auch einen Blick auf das Stadion und das Olympische Dorf werfen kann, die früher mal zur architektonischen Avantgarde gehörten.

Linke Seite: Englischer Garten
Rechte Seite: links Blue Spa im Hotel Bayerischer Hof, rechts Oktoberfest mit Trachten- und Schützenzug

Blue Spa

Promenadeplatz 2–6
80333 München
Zentrum
Telefon: 089 / 2 12 09 92
www.bayerischerhof.de

Öffnungszeiten: täglich 7.00 bis 22.30 Uhr
Haltestelle: S, U Marienplatz
Stadtplan: Nr. 10

Spa- und Wellness-Oasen haben in München Seltenheitswert, und so ist es kein Wunder, dass sich das im Mai 2005 eröffnete Blue Spa im Hotel „Bayerischer Hof" von Anfang an großer Beliebtheit erfreute. Hoch über den Dächern der Stadt gestaltete die Pariser Stararchitektin Andrée Putman auf drei Etagen und insgesamt 1 200 m² eine hochelegante Wellness-Welt mit Dachgarten-Schwimmbad, modernstem Fitness-Equipment, Sonnenterrasse, Sauna und Dampfbad sowie einem sagenhaften Ausblick auf Frauenkirche, Oper und Rathaus. Ein Team internationaler Therapeuten bietet eine Vielzahl von Körper- und Entspannungs-Therapien an. Zum Erholen und um Freunde zu treffen steht eine schicke Bar mit angeschlossener Lounge zur Verfügung.

LE COVP Friseur Gerhard Meir

Promenadeplatz 12
80333 München
Zentrum
Telefon: 089 / 2 42 07 70
www.lecoup.de

Öffnungszeiten: Di–Fr 9.00 bis 18.30, Sa bis 14.00 Uhr, Mo geschlossen
Haltestelle: S, U Karlsplatz (Stachus) und Marienplatz
Stadtplan: Nr. 32

Claudia Schiffer, Gloria von Thurn und Taxis, Veronika Ferres – bei allen durfte Star-Figaro Gerhard Meir zur Schere greifen. Sein Salon befindet sich im Herzen der Stadt am Promenadeplatz, unweit vom Hotel „Bayerischer Hof". Er wirkt mit seinen Granitböden, den Lichteffekten und zahllosen Spiegeln eher wie eine Lounge. Tatsächlich gibt es im „Le Coup" auch ein nettes Café und einen Laden, in dem Glaswaren und Lifestyle-Accessoires aus der hauseigenen Home-Collection angeboten werden. Auch nach über 20 Jahren nimmt Gerhard Meir gerne selbst die Schere in die Hand. Zum Föhnen springen zwar seine Assistenten ein, doch beim Finish ist der Meister immer dabei, zupft hier noch eine Strähne ins Gesicht, da eine Locke zurecht – und das nicht nur, wenn es sich um VIP-Kunden handelt.

LE BAR

Englischer Garten

80538 München
Lehel
Telefon: 089 / 38 66 63 90
www.schloesser.bayern.de

Öffnungszeiten: ganzjährig geöffnet
Besonderheiten: Japanisches Teehaus, Restaurants und Cafés
Haltestelle: S, U Marienplatz, U Universität, Bus Chinesischer Turm, Tram Tivolistraße
Stadtplan: Nr. 18

WELT-Tipp: Probieren Sie im Biergarten zur Maß Bier unbedingt einen frisch geräucherten Steckerlfisch.

Mit seinen 3,7 km² Fläche ist der 1789 angelegte und bis 1810 immer wieder erweiterte Englische Garten eine der größten innerstädtischen Grünanlagen der Welt. Der Name geht auf die englischen Landschaftsgärten zurück, die von Friedrich Ludwig von Sckell bei der Gestaltung des Geländes zum Vorbild genommen wurden. Ganz gleich zu welcher Jahreszeit Sie ihn besuchen, es ist immer etwas los, vor allem an den Wochenenden. Reiter, Hunde, Spaziergänger, Kinder, Radfahrer, Sonnenanbeter – jeder ist willkommen und findet Platz für seine Aktivitäten. Einen Besuch wert sind auch die Biergärten am Chinesischen Turm, Seehaus, Hirschau und Aumeister, der 1837/38 als letztes Monument des Gartens errichtete Monopteros mit herrlichem Blick auf die Türme der Stadt sowie das Japanische Teehaus, in dem regelmäßig Teezeremonien stattfinden.

AltiraSPA im ArabellaSheraton Grand Hotel München

Arabellastraße 6
81925 München
Bogenhausen
Telefon: 089 / 92 64 88 00
www.altiraspa.com

Öffnungszeiten: Mo–Fr 6.30 bis 23.00, Sa, So und feiertags 7.30 bis 23.00 Uhr
Haltestelle: U Arabellapark
Stadtplan: Nr. 4

AltiraSPA ist das Wellness-Label von ArabellaStarwood, das von Kosmetikbehandlungen über sportliche Aktivitäten bis hin zu verschiedenen ganzheitlichen Therapien eine beachtliche Vielfalt an Möglichkeiten bietet. Das Angebot reicht von traditionellen Ayurveda-Ölgüssen über die hawaiianische Lomi-Lomi-Massage bis hin zur Shiatsu-Therapie. Auch in München können Tages- und Hotelgäste auf 1 000 m² unter professioneller Betreuung aus einem breiten Beauty- und Sportangebot wählen. Für das Herz-Kreislauf-Training stehen im Fitness-Wintergarten moderne, computerunterstützte Geräte bereit, für das Krafttraining eine breite Auswahl an Gewichten. Zur anschließenden Entspannung laden Sauna, Dampfbad, Solarium sowie ein großzügiger Indoor-Pool mit Whirlpool, Bar und Freiluft-Liegewiese ein.

Bavaria Filmstadt

Bavariafilmplatz 7
82031 Geiselgasteig
Grünwald
Telefon: 089 / 64 99 20 00
www.filmstadt.de

Öffnungszeiten: 10.3.–5.11. täglich von 9.00 bis 16.00 Uhr,
6.11.–9.3. täglich 10.00 bis 15.00 Uhr
Haltestelle: Tram Bavariafilmplatz
Stadtplan: Nr. 9

Wo entstehen TV- und Kino-Hits wie „Marienhof", „Das Boot" oder „Asterix und Obelix"? In München ist eines der größten und erfolgreichsten Film- und Fernsehstudios Europas zu finden. Seit über 80 Jahren werden in der Bavaria Filmstadt Produktionen gedreht, die später im Fernsehen oder Kino zu sehen sind. Besucher können an einem Rundgang durch die Studios und Kulissen teilnehmen, Bavaria-Mitarbeiter plaudern aus dem Nähkästchen, und wer möchte, kann sich die Drehorte bekannter Fernsehfilme und berühmter Filmklassiker zeigen lassen. Zu den Höhepunkten eines Besuchs der Filmstadt zählt die „Bavaria Stunt Show". Schritt für Schritt wird gezeigt, wie Stunts in Szene gesetzt werden und wie das gefährliche Handwerk der Doubles funktioniert. Slapstick- und Comedy-Elemente sowie eine ganze Reihe an Gags sorgen dafür, dass auch der Spaß nicht zu kurz kommt.

FALLING OBJECTS
POLICE

Nützliche Tipps & Adressen

ANKUNFT IN MÜNCHEN

Per Flugzeug

Flughafen München Franz-Josef-Strauß
Flugauskunft Tel. 089 / 97 52 13 13
www.munich-airport.de
Ca. 50 km vom Zentrum entfernt im Erdinger Moos im Nordosten der Stadt. Nationale und internationale Verbindungen.
Ab Flughafen fahren die S-Bahnlinien S1 und S8 alle 20 Min. zum Marienplatz, Fahrzeit ca. 40 Min. Außerdem pendelt alle 20 Min. der Lufthansa-Airport-Bus zwischen Flughafen und Hauptbahnhof, Fahrzeit 45 Min. Die Taxifahrt in die Innenstadt kostet ca. 55 €.

Per Bahn

Bahnhöfe
Der Münchner **Hauptbahnhof** liegt mitten im Zentrum und hat Anschluss an das S- und U-Bahnnetz. Züge aus Richtung Österreich und Italien (keine ICEs) halten vor Einfahrt in den Hauptbahnhof am **Ostbahnhof**, Züge aus Richtung Ulm oder Nürnberg am Bahnhof **Pasing** im Westen der Stadt. Beide Bahnhöfe sind ebenfalls an das S- bzw. U-Bahnnetz angeschlossen.

Bahninformation
Tel. 08 00 / 1 50 70 90 (automatische Fahrplanauskunft)
Tel. 118 61 (Reiseservice)
www.bahn.de

INFORMATION

Touristeninformation

Tourismusamt München
Sendlinger Str. 1
80331 München
Tel. 089 / 23 39 65 00
Fax 089 / 23 33 02 33
www.muenchen-tourist.de
Bürozeiten Mo–Do 9.30–15, Fr 9.30–12.30 Uhr
Telefonische Zimmerreservierung Mo–Fr 8–19, Sa 9–17 Uhr

Vor Ort informieren die **Tourist Informationen:**
am **Marienplatz**, Rathausarkaden, Mo–Fr 10–20, Sa 10–16 Uhr
am **Hauptbahnhof**, Bahnhofsplatz 2, Mo–Sa 9.30–18.30, So 10–18 Uhr

Tageszeitung

Die auch überregional erscheinende **Süddeutsche Zeitung** berichtet über das Lokalgeschehen und bietet täglich aktuelle Veranstaltungshinweise. Außerdem erscheint **WELT KOMPAKT** mit einer eigenen Regionalausgabe.

Stadtmagazine

Aktuelle Berichte über das Stadtleben, über das Kunst- und Kulturschaffen und über die Partyszene sowie einen Veranstaltungskalender bieten die Stadtmagazine **go> München** und **Prinz** (monatlich am Kiosk). Über Veranstaltungen informieren die Süddeutsche Zeitung jeden Donnerstag in ihrer Beilage **SZ Extra**, das alle 14 Tage erscheinende Gratisheft **in-München** sowie das gelbe Monatsprogramm des Tourismusamtes **München im [Monat]**.

Websites

Allgemein
www.muenchen.de – Offizielle Website der Stadt München mit Weiterleitung zum Tourismusamt und Stadtplan
www.entdecke-muenchen.info – Virtueller Reiseführer mit knappen Informationen für den schnellen Überblick

Ausgehen
www.gastroXL.de – Restaurant- und Kneipenführer

www.ganz-muenchen.de – Ausführliche Infos zu Restaurants, Kneipen, Einkaufen
www.kneipen-suche.com – Über 1 000 Adressen in München mit vielen Links
www.nightlife-muenchen.de – Umfangreiches Programm mit allen Partys und Events
www.schlemmerregion-muenchen.de – Tipps zu knapp 2 000 Restaurants in und um München

Kunst & Kultur
www.artnews.de/regional/80 – Galerien und Ausstellungen in München
www.kunstareal.de – Virtueller Rundgang durch die Pinakotheken
www.munichx.de – Museen im Überblick mit Links, Konzerten, Kinoprogramm u. a.
www.schloesser.bayern.de – Infos zu Schlössern und Parks in München und Umland

Sport & Freizeit
www.allianz-arena.de – Homepage des neuen Fußballstadions
www.muenchen-wellness-beauty.de – Wellnessangebote in und um München
www.olympiapark-muenchen.de – Sportveranstaltungen und Sportangebote im Olympiapark
www.sport-muenchen.de – Sportangebote, Sportstätten, Sportveranstaltungen
www.swm.de – Badespaß sowie Saunen und Eislaufen in München

Unterkunft
www.muenchen.de/tam – Hotelreservierung der Touristeninformation

Veranstaltungskalender
Umfassende Onlinekalender bieten Tourismusamt, Stadtmagazine und Tageszeitungen:
www.muenchen.de
www.in-muenchen.de
http://kulturkalender.sueddeutsche.de
www.prinz.de/muenchen/eventswm

LITERATURTIPPS

Hubert Ettl, Bernhard Setzwein (Hrsg.)
München. Reise-Lesebuch. Eine unsentimentale Liebeserklärung an die Stadt; mit 92 Schwarzweiß-Fotos.

Fritz Fenzl
Münchner Stadtgeschichten. Ein chronologischer, aber dennoch nicht trockener Überblick über Münchens Historie, z. B. die Begründung des Oktoberfests, die Tradition der Bierkeller, der Gruß der Bavaria oder der Bau der Frauenkirche.

Dirk Heißerer
Wo die Geister wandern. Eine akribisch recherchierte Topographie der Schwabinger Boheme um 1900.

Irma Hildebrandt
Bin halt ein zähes Luder. Einfühlsam geschriebene Porträts der Schriftstellerin Lena Christ, der Kabarettistin Liesl Karlstadt, der Tänzerin Lola Montez und zwölf weiteren berühmten Münchnerinnen.

Robert Hültner
Walching / Die Godin. München in den 20er-Jahren: Inspektor Kajetan, Beamter des Landgerichts, löst leidenschaftlich gern schwierige Mordfälle in der bayerischen Hauptstadt sowie im Umland.

Wolfgang Koeppen
Muß man München nicht lieben? Essays über die Stadt und ihre Bewohner des in Greifswald geborenen Literaten, der von 1941 bis zu seinem Tod 1996 in München lebte.

Hans Prescher
Künste im Aufbruch. München in den 50er Jahren. Erinnerungen an Personen, Werke und Ereignisse, die die Hauptstadt Bayerns in jenem Jahrzehnt zu einem Zentrum des Kunstschaffens machten.

Herbert Rosendorfer
Absterbende Gemütlichkeit. Mit hintersinnigem Humor geschriebene Burlesken aus dem Münchner Kleinbürgertum.

Helmut Schümann
Heppel & Ettlich. Ein Zigarettenautomat packt aus. Amüsantes und Unterhaltsames aus dem bewegten Nachtleben der zur Institution gewordenen Schwabinger Kneipe; mit zahlreichen Fotos.

Bernhard Setzwein
München. Spaziergänge durch die Geschichte einer Stadt. München und der typisch münchnerische Charakter aus dem Blickwinkel berühmter Schriftsteller von der Wittelsbacher Zeit bis heute; mit vielen Zitaten.

Harald Steffahn
Die Weiße Rose. Der Weg und der Widerstand der Münchener Studenten-Opposition im Dritten Reich.

Ludwig Thoma
Ein Münchner im Himmel. Die Geschichte des Dienstmanns Alois Hingerl und weitere Satiren und Humoresken, die die Bewohner Münchens unter die Lupe nehmen.

Hermann Wilhelm und Lydia Jackson
Brotzeit, Braten, Brennsuppen. Einkaufen, Kochen und Speisen anno dazumal in der Münchner Vorstadt. Mit Beiträgen von Karl Valentin, Ludwig Thoma, Oskar Maria Graf u. a. sowie 180 Rezepten und zahlreichen Fotos.

STADTBESICHTIGUNG

Stadtrundfahrten

Tramtour
Eine bequeme und zugleich preiswerte Möglichkeit zur Stadterkundung bieten Fahrten mit der **Trambahn**. Insbesondere die **Linie 19** (Pasing–Berg am Laim) passiert zwischen Stachus und Maximilianeum viele Monumente. Aber auch die **Linien 17** (Obermenzing–Effnerplatz), **18** (Kleinhadern–Effnerplatz) und **25** (Haidhausen–Grünwald) führen durch schöne Stadtteile und vorbei an vielen Sehenswürdigkeiten.

SIGHTseeing Gray Line
Arnulfstr. 8
Tel. 089 / 54 90 75 60
www.muenchener-stadtrundfahrten.com
Einstündige Stadtrundfahrt zu den Hauptsehenswürdigkeiten, April–Okt. tgl. 9.30–17 Uhr alle 30 Min., Nov.–März tgl. 10–16 Uhr zur vollen Stunde, 11 €/Pers. Dreistündige Intensivtour, tgl. 10.30 Uhr, 21 € /Pers., sowie sechs Thementouren (z. B. Glanzlichter Münchens, Bavaria Filmstadt) und Tagesausflüge ins Umland. Abfahrt am Bahnhofsplatz vor dem Kaufhaus Hertie.

Yellow Cab
Elisenstr. 3a
www.citysightseeing-muenchen.de
Einstündige Stadtrundfahrt im gelben Doppeldeckerbus, tgl. 10–16/17 Uhr alle 30 bzw. 60 Min., 9 €/Pers. sowie große Stadtrundfahrt im roten Doppeldeckerbus, 2,5 Std., im Sommer tgl. 10.30 und 14.30 Uhr, im Winter nur Fr/Sa/So, 15 €/Pers. Abfahrt am Bahnhofsplatz vor dem Elisenhof.

Rikscha-Mobil
Tel. 089 / 24 21 68 80
www.rikscha-mobil.de
Ab Fischbrunnen/Marienplatz Stadtrundfahrten von 30 Min. bis zu 3 Std. Dauer, ab 37 €/Rikscha, oder Radl-Taxifahrten, ab 2,40 €/Pers.

Kutscherei Hans Holzmann
Schwere-Reiter-Str. 22
Tel. 089 / 18 06 08
www.kutschen-muenchen.de
Kutschfahrten durch den Englischen Garten und die Altstadt. Standplatz am Chinesischen Turm, ab Mittag. Kutschen für 4–5 Personen, 70 €/Std.

Stadtführungen

Kunst-Tour
Tel. 089 / 36 10 10 83
www.kunst-tour.de
Individuelle Führungen nach Vereinbarung durch die Stadt sowie durch Museen und Ausstellungen.

Spurwechsel
Tel. 089 / 6 92 46 99
www.spurwechsel-muenchen.de
Individuelle Führungen nach Vereinbarung zu Fuß, mit dem Fahrrad oder der Tram. Organisierte Fahrradtour, ohne Voranmeldung, April–Okt. Fr/Sa/So 11.15 Uhr, Start am Fischbrunnen auf dem Marienplatz, Dauer 2 Std., 14,50 € /Pers. inkl. Radmiete.

Stattreisen München
Frauenlobstr. 24 Rgb
Tel. 089 / 54 40 42 30
www.stattreisen-muenchen.de
Historisch-politische und soziale Themen stehen im Fokus der Stadtspaziergänge, die auch hinter die Kulissen schauen.

Weis(s)er Stadtvogel
Tel. 089 / 29 16 97 65
www.weisser-stadtvogel.de
Klassische Stadtrundgänge sowie Themenführungen, z. B. Hopfengärten und Bierbrauer, Schwabinger Boheme, moderne Architektur. Außerdem nach Anmeldung für Gruppen Rad-, Bus- und Tramtouren.

Aussichtspunkte

Alter Peter
Rindermarkt 1
Über 300 Stufen führen auf den Turm von St. Peter. Blick auf den Marienplatz mit dem Rathaus und die Altstadt, bei Föhn mit Alpenpanorama. Mo–Sa 9–19, So 10–19 Uhr, im Winter bis 18 Uhr.

Bavaria
Theresienhöhe
Aussichtsraum im Kopf des monumentalen Standbilds mit Blick über das Oktoberfestgelände. April–Mitte Okt. 9–18 Uhr.

Fernseh- und Olympiaturm
Olympiapark
360°-Panorama und Drehrestaurant in 190 m Höhe. Tgl. 9–24 Uhr; 4 €/Pers.

Frauenkirche
Frauenplatz 1
Aufstieg und Lift im Südturm, Zugang über das Westportal. April–Okt. Mo–Sa 10–17 Uhr.

Monopteros
Englischer Garten
Von dem kleinen Tempel auf einem künstlichen Hügel im Park schöner Blick auf die Silhouette der Altstadt.

Neues Rathaus
Marienplatz 8
Turmauffahrt Mo–Fr 9–16 Uhr.

Nützliche Tipps & Adressen

TICKETS & ERMÄSSIGUNGEN

Ticketbüros

München-Ticket
Tel. 01 80 / 5 48 18 18 (0,12 ct/Min.)
Fax 089 / 54 81 81 54
www.muenchenticket.de
info@muenchenticket.de
Telefonservice 9–16 Uhr
Vorverkaufsstellen:
Marienplatz 8, im Rathaus Mo–Fr 10–20, Sa 10–16 Uhr
Tourismusamt am Hauptbahnhof, Bahnhofsplatz 2, Mo–Fr 10–18.30 Uhr
Infopavillon Olympiapark, am Olympia-Eissportzentrum, Mo–Fr 10–18, Sa 10–15 Uhr
Glashalle im Gasteig, Rosenheimer Str. 5, Mo–Fr 10–20, Sa 10–16 Uhr

Ticketbox
Tel. 089 / 55 72 32 (Hotline)
Fax 089 / 54 50 66 21
www.ticketbox.de
mail@ticketbox.de
Vorverkaufsstellen:
Pasinger Bahnhofsplatz 8, Mo–Fr 9–19, Sa 9–15 Uhr
Ostbahnhof, Orleansplatz 11, Mo–Fr 8.30–19, Sa 9–16 Uhr
Hertie Stachus, Bahnhofsplatz 7, Mo–Sa 9.30–20 Uhr

Ermäßigungen

CityTourCard
Freie Fahrt mit allen öffentlichen Verkehrsmitteln im Stadtgebiet München (MVV-Innenraum) sowie Ermäßigungen bei über 30 touristischen Einrichtungen (u. a. Deutsches Museum, Schloss Nymphenburg, Lach- und Schießgesellschaft, Stadtführungen). Erhältlich bei den Kundenzentren der Münchener Verkehrsbetriebe am Marienplatz oder am Sendlinger Tor sowie an den Fahrkartenautomaten in S-Bahn, U-Bahn, Tram- und Bushaltestellen. Tageskarte 9,50 €/Pers., 3-Tageskarte 18 €/Pers., nach Entwertung gültig bis 6 Uhr des Folgetages.

UNTERWEGS IN MÜNCHEN

Öffentliche Verkehrsmittel

Münchner Verkehrs- und Tarifverbund – MVV
Tel. 089 / 41 42 43 44 (allg. Tarif- und Fahrplanauskünfte)
Tel. 018 05 / 66 10 10 (12 ct/Min., Fahrplanauskunft S-Bahn)
Tel. 018 03 / 44 22 66 (9 ct/Min., Busauskunft)
www.mvv-muenchen.de

München verfügt über ein gut ausgebautes öffentliches Nahverkehrssystem mit allein 18 S- und U-Bahn-Linien. Tram- und Buslinien garantieren die Mobilität rund um die Uhr. Das MVV-Tarifgebiet ist in vier Zonen eingeteilt, wobei der Innenraum in etwa mit dem Münchner Stadtgebiet identisch ist. Innenraum Einzelfahrschein 2,20 €, Streifenkarte für fünf Fahrten 10,50 € (zwei Streifen/Fahrt), Single-Tageskarte 4,80 €, Partner-Tageskarte 8,50 €, 3-Tage-Singlekarte 11,80 €, 3-Tage-Partnerkarte 20 €. Unbegrenztes Fahren ermöglicht die CityTourCard (s. o.). Die Netzpläne für Bahn, Tram und Bus stehen auf der Homepage des MVV als Download zur Verfügung.

Taxi

Tel. 089 / 2 16 10, Tel. 089 / 1 94 10, Tel. 089 / 45 04 50

Fahrradverleih

Radius Tours and Bikes
Arnulfstr. 3 (im Hauptbahnhof, bei Gleis 31)
Tel. 089 / 59 61 13
www.radiusmunich.com
Mai–Okt. tgl. 10–18 Uhr, im Winter bei schönem Wetter, Miete ca. 14–18 €/Tag.

Call a Bike
Radverleihservice der Deutschen Bahn
Registrierung Tel. 07 00 / 05 22 55 22 (ab 6,2 ct/Min.) oder online: www.callabike-interaktiv.de

Miete 8 ct/Min. bzw. max. 15 €/Tag (24 h)
Freie Fahrräder werden per Handy ausgeliehen, die Bezahlung erfolgt über Kreditkarte oder Bankeinzug.

Unter der Website www.muenchen.de findet man unter dem Stichwörtern Verkehr/Mobilität und Fahrrad das Münchner Radlnetz als Download sowie einen **Online-Radroutenplaner**.

VERANSTALTUNGEN

Neujahrsblasen
1. Jan. um 12 Uhr vom Alten Peter.

Fasching
Feb., zahlreiche Bälle sowie am Faschingsdienstag Tanz der Marktfrauen auf dem Viktualienmarkt.

Starkbieranstich
Mitte März, Eröffnung der Starkbiersaison auf dem Nockherberg vor Polit-Prominenz mit „Fastenpredigt".

Frühlingsfest: Beginn Sa nach Ostern, 14-tägiges Volksfest auf der Theresienwiese.

DOK.FEST
Anfang Mai, internationales Dokumentarfilmfestival, Vorführungen vor allem im Filmmuseum (www.dokfestival-muenchen.de).

Auer Dult
Dreimal im Jahr neuntägiger Jahr-, Trödel- und Töpfermarkt rund um die Mariahilfkirche (www.auerdult.de).

Biennale
Mai in geraden Jahren, Musiktheater-Festival mit Uraufführungen junger Komponisten und Bühnenkünstler (www.muenchenerbiennale.de).

Stadtgründung
Anfang Juni, Veranstaltungen und Straßenfest zwischen Marien- und Odeonsplatz.

Tollwood
Mitte Juni–Mitte Juli, Varieté, Performances, Konzerte und Markt auf der Theresienwiese, Olympiapark mit Zeltstadtambiente. Dez., Winterfestival (www.tollwood.de).

Opernfestspiele
Juli, im Nationaltheater (www.muenchner-opern-festspiele.de).

Christopher Street Day
Mitte Juli, Parade der Schwulen und Lesben durch die Innenstadt mit Bühnenprogramm auf dem Marienplatz.

Kocherlball
3. So Juli 6–10 Uhr, Volkstanzdarbietung am Chinesischen Turm in Erinnerung an die morgendlichen Tanzvergnügen der Münchner Dienstboten im 19. Jh.

MusikSommer
Aug., kostenlose Open-Air-Konzerte im Theatron des Olympiaparks (www.theatron.de).

Oktoberfest
3. Sa Sept.–Anfang Okt., Volksfest der Superlative auf der Theresienwiese. Großer Trachten- und Schützenfestzug am ersten Wiesn-Sonntag (www.oktoberfest.de).

München Marathon
Anfang Okt. (www.muenchenmarathon.de).

Internationales 6-Tage-Rennen
Mitte Nov., nächtliches Radsport-Spektakel in der Olympiahalle (www.olympiapark-muenchen.de).

Münchner Bücherschau
Mitte Nov.–Anfang Dez., Kulturzentrum Gasteig (www.muenchner-buecherschau.de).

Christkindlmarkt
Ende Nov.–23. Dez., Weihnachtsmärkte.

49
31
Königs-
platz
24
Karlsplatz
(Stachus)
5
46
30
Sonnenstraße

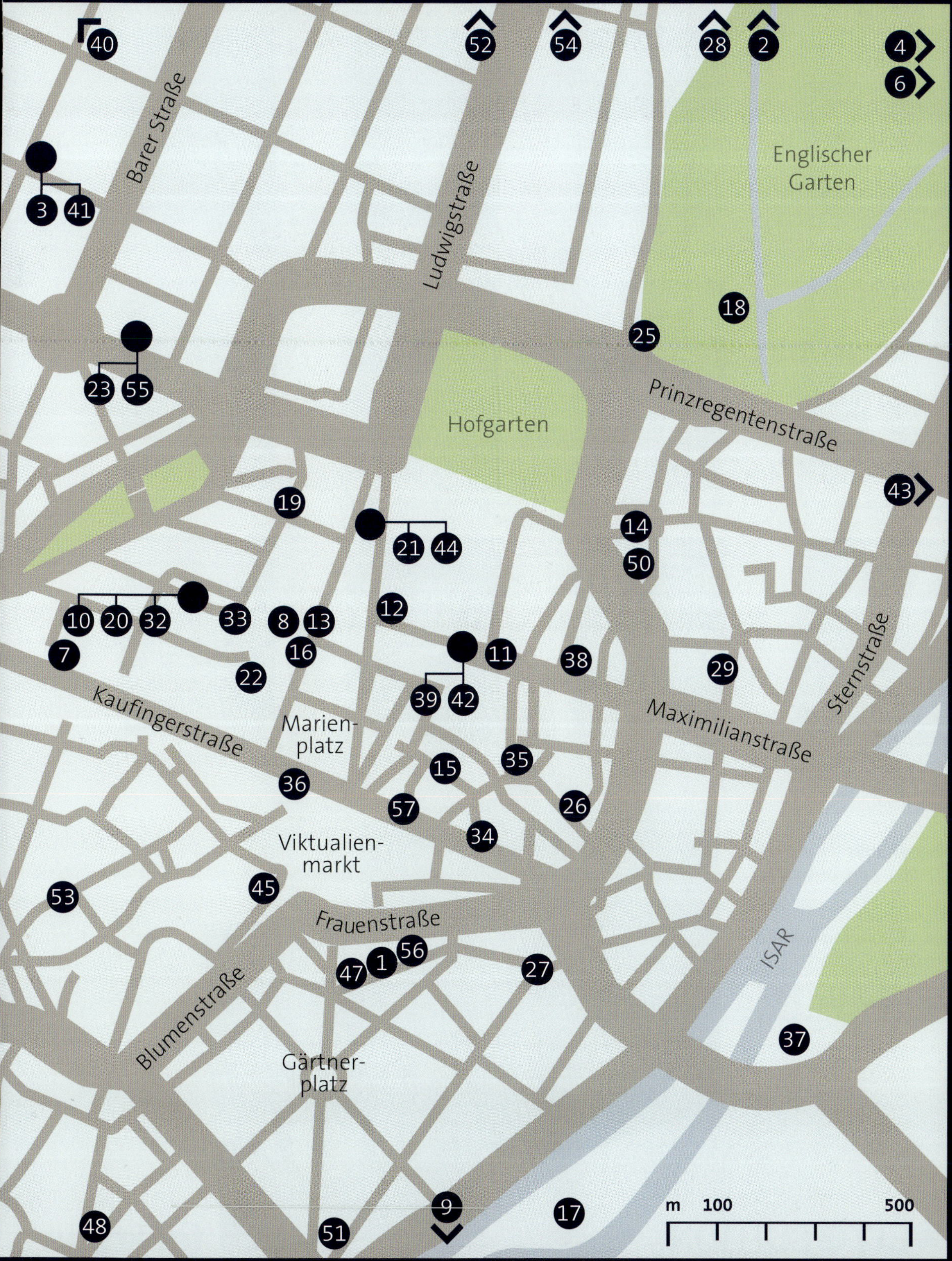

Englischer Garten
Barer Straße
Ludwigstraße
Hofgarten
Prinzregentenstraße
Maximilianstraße
Sternstraße
Kaufingerstraße
Marienplatz
Viktualienmarkt
Frauenstraße
Blumenstraße
Gärtnerplatz
ISAR
m 100 500